Heidi Grund-Thorpe

DAS VERRÜCKTE MODELLBAUBUCH

Basteln–tüfteln–konstruieren

Weltbild

Inhalt

Dieser Leuchtturm zeigt Ihnen den Weg (→ Seite 36).

*Der Segelyachttraum
wird wahr (→ Seite 72).*

Die Anleitung für diese voll funktionsfähige Dampfwalze finden Sie auf Seite 12.

Do it yourself! Ob Sonnenuhr (→ Seite 88), Wetterhäuschen (→ Seite 114), Froschkönig als Zimmerbrunnen (→ Seite 34) oder Drahtesel (→ Seite 22) – auf den folgenden Seiten finden Sie die originellsten Ideen und Vorlagen für angehende und erprobte Hobbykonstrukteure und Kellertüftler.

Große Welt – ganz klein

Modelle bilden die Welt im Kleinen ab: Bauherren verschaffen sich mit Architekturmodellen einen ersten Eindruck vom geplanten Objekt, Autofans stellen sich ihr Lieblingsmodell als winzigen Nachbau ins Regal. Unzählige Eisenbahnfans holen sich nicht nur ein ausgedehntes Schienennetz samt Loks und Waggons ins Haus, sondern bauen dazu noch die passende Miniaturlandschaft.

Je genauer ein Modell die große Welt nachbildet, umso größer das Können ihres Erbauers. Ein Modellflugzeug sollte nicht nur hübsch aussehen, sondern auch fliegen. Eine Dampfmaschine sollte auch im Kleinformat ihre Kraft unter Beweis stellen. Und nur eine Windmühle, deren Flügel sich im Wind drehen, ist überzeugend.

Modelle mit Pep

Auch die meisten Modelle in unserem Bastelbuch haben ein großes Vorbild, dem sie nacheifern. Doch wir wollten nicht nur die Realität abbilden, sondern neue, fantasievolle, »verrückte« Modelle schaffen! Ideenreiche Arbeiten, die den Betrachter schmunzeln oder staunen lassen. Als ich mich zum ersten Mal damit befasste, kamen schon bald die ersten Ideen, was dazu gehören könnte. Natürlich war dabei immer die ganze Familie beteiligt, und

Verschiedene Schwierigkeitsgrade

Für die meisten Bastelarbeiten genügen ein wenig handwerkliches Geschick und Werkzeuge, die ohnehin in den meisten Haushalten vorhanden sind und nicht erst angeschafft werden müssen. Bastelprofis mit einer gut ausgestatteten Werkstatt werden sich auch an größere Projekte wagen. Wir haben die Modelle in drei Klassen eingeteilt:

* *   *Einfach, geringer Zeitaufwand*
* **   *Etwas aufwändiger als die Arbeiten mit einem Stern*
* ***   *Verlangt handwerkliche Erfahrung und viel Zeit*

Große Welt – ganz klein

manchmal wurden die Vorschläge dann zu ausgefallen und mussten wieder auf ein »normaleres Maß« reduziert werden.

Je mehr ich mich in das Thema einarbeitete, umso mehr Leute fand ich, die schon seit langem »verrückte« Modellbauten anfertigen. Viele entwickelten dabei vollkommen eigene Techniken wie das Anfertigen von Modellen mit Papier und Uhu – oder das Formen von Objekten aus einem Stück Draht. Andere zeigten eine unendliche Geduld bei der Konstruktion und beim Bau der Modelle wie zum Beispiel beim Segelschiff. Auch hierfür bedarf es eines gewissen Maßes an Verrücktheit. Und unglaublich ist die Perfektion, die sich Laien im Laufe der Zeit mit dem entsprechenden Werkzeug und Maschinen aneignen. Hier ist besonders die Dampflokomotive zu erwähnen, die aus Alu und Eisen komplett gedreht und gelötet wurde.

Ideen für eigene Kreationen

Sicherlich haben auch Sie Ihr ganz eigenes, »verrücktes« Modellbauhobby. Oder Sie wollten schon immer etwas ohne Bausatz basteln. Lassen Sie sich von den gezeigten Modellen und Basteltechniken inspirieren. Die einfacheren Arbeiten wie etwa das Schloss bieten einen guten Einstieg. Wie groß, kunstvoll und detailreich das Ganze schließlich wird, bleiben allein Ihrer verfügbaren Freizeit und Ihrer Fantasie überlassen. Bauen Sie zum Beispiel das Schloss nach einem Originalgrundriss, etwa einem Schloss in Ihrer Nähe. Oder vielleicht wünscht sich der Sohn oder Enkel ein Westernfort zum Spielen. Lassen Sie ihn mitentscheiden, was unbedingt dazu gehört und was nicht.

Mehrere Modelle befassen sich mit dem Thema Wasser. Wer es gerne plätschern hört, aber weit weg vom Wasser wohnt, baut das klingende Wasserspiel und stellt es in eine Zinkwanne auf den Balkon oder die Terrasse. Auch Zimmerbrunnen erfreuen sich wachsender Beliebtheit. Wie wär's mit den Niagarafällen im Wohnzimmer oder einem verwunschenen Frosch, der goldene Bälle spuckt?

Am Ende des Buches finden Sie eine Liste, wo es was zu kaufen gibt. Das meiste werden Sie im Baumarkt und in Bastelgeschäften erstehen können. Um Kosten zu sparen, können Sie sich aber auch aus Ihrer Restekiste bedienen und die Anleitungen ent-

Romantisch und jedem Wetter trotzend – die Windmühle im Vorgarten (→ Seite 118).

sprechend den bereits vorhandenen Materialien anpassen.

Ich wünsche Ihnen, dass Ihr Interesse an verrückten Dingen keine Grenzen kennt und dass Sie sich durch die gezeigten Modelle zu eigenen, fantasievollen Objekten anregen lassen. Sie werden sehen: Mit der Zeit entwickelt sich daraus eine richtige Sucht. Viel Spaß beim Betrachten der Fotos und beim Nachbauen!

Heidi Grund-Thorpe

An den Schmalseiten kann der Korb aufgeklappt und beladen werden. Vor allem Kindern macht es einen Riesenspaß, Dinge auf diese unkonventionelle Art nach oben zu transportieren.

Beförderungskorb für den Balkon

Material

- Einkaufskorb aus Kunststoff, zum Zusammenklappen und mit Tragebügel
- Getöntes Plexiglas, so groß wie eine Seitenfläche des Korbs
- Durchsichtiges Plexiglas, so groß wie eine Seitenfläche des Korbs
- Kupferblech, so groß wie die Standfläche des Korbs
- Alurohr, 15 mm Ø, ca. 13 cm lang
- Gewindestange, 6 mm Ø, Länge = Breite des Korbs plus 2 cm
- 4 Muttern und 2 Beilagscheiben, passend zur Gewindestange
- Umlenkrolle mit Halterung aus Metall, 3 cm Ø
- Hülse mit 6er Innengewinde für Alurohr mit passender Schraube
- 2 Seile, Länge: → Anleitung Seite 8
- 2 Schraubhaken zum Befestigen des Seils
- Silikonkleber
- Schleifpapier
- Kunststoffprimer
- Weißer Lack

Werkzeug

- Cutter
- Blechschere
- Bohrmaschine
- Kartusche für Silikonkleber
- Metallsäge
- Pinsel
- Zollstock
- Bleistift

Beförderungskorb

Materialseilbahnen gibt's nicht nur in den Bergen, sondern jetzt auch auf Balkonien: Ob frische Brötchen oder das Spielzeug der Kinder von unten nach oben befördert werden – die Einsatzmöglichkeiten dieses Korbs sind unbegrenzt.

So wird's gemacht

Aus einem einfachen, zusammenklappbaren Kunstoffkorb wird mit wenigen Handgriffen eine geschlossene Kabine mit Aussichtsfenstern. Daran wird anschließend die Aufhängung montiert.

Panoramafenster ausschneiden

Stellen Sie den Korb auf, und schneiden Sie aus den oberen Rechtecken der Seitenflächen die Unterteilungen mit dem Cutter heraus, sodass Sie Fenster erhalten. Hinter diese Fenster kleben Sie passend zurechtgeschnittene, transparente Plexiglasstücke mit Silikonkleber. Ebenso schneiden Sie Fenster in den unteren Teil der Seitenflächen, hinter die Sie das farbige Plexiglas kleben.

Das Dach der Kabine

Nun schmirgeln Sie den oberen Rand des Korbs leicht an und streichen ihn mit Kunststoffprimer (Grundierung für Kunststoff). Nach dem Trocknen wird der Rand weiß lackiert.
Messen Sie den oberen Rahmen des Korbs aus, und schneiden Sie nach diesem Maß aus Kupferblech die Abdeckung.
Damit der Korb auf seiner Fahrt nicht hin- und herschlenkert, werden die Henkel durch eine Alustange fixiert (→ Abbildung rechts): Bohren Sie mittig in die Kupferblechabdeckung ein Loch mit 1,5 cm

Durchmesser für das Alurohr. Bohren Sie in das untere Ende des Rohrs quer ein Loch mit 6 mm Durchmesser. Stecken Sie das Alurohr durch die Bohrung im Kupferblech, und schieben Sie unter dem Deckel eine Gewindestange durch die kleine Bohrung im Alurohr. Das Alurohr befindet sich genau mittig auf der Gewingestange und wird mit jeweils einer Mutter links und rechts fixiert. Bohren Sie für die Gewindestange mittig unter den Henkeln am Korbrand ein 6 mm großes Loch. Stecken Sie die Gewindestangen beidseitig durch, und fixieren Sie sie mit einer Beilagscheibe und Muttern. Kleben Sie die Abdeckung mit Silikonkleber auf dem Korbrand fest.

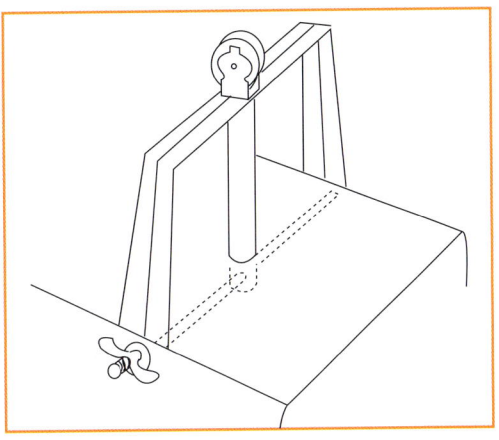

Eine Alustange verhindert das Hin- und Herschlenkern der Tragebügel.

Beförderungskorb

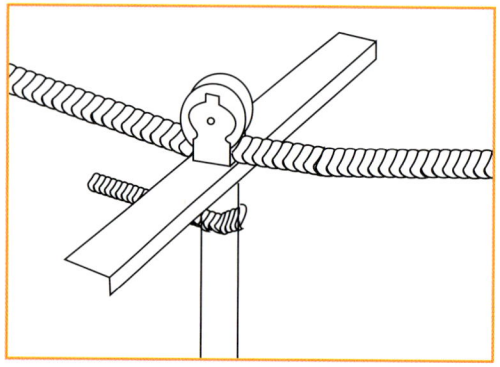

Das Tragseil wird durch die Umlenkrolle geführt, das Zugseil unter den Henkeln festgeknotet.

Befestigung der Umlenkrolle

Das obere Ende des Alurohrs sollte genau bis zur Henkelunterkante reichen. Sägen Sie das Rohr auf diese Länge zurecht. Stecken Sie in sein oberes Ende ein Innengewinde mit 6 mm Durchmesser, und fixieren Sie es mit Silikonkleber.

Klappen Sie die Henkel über dem Korb zusammen, und kleben Sie sie mit Silikonkleber aneinander. Bohren Sie von oben ein Loch mit 6 mm Durchmesser in die Mitte der zusammengeklebten Henkel.

Drehen Sie eine Schraube durch die Bohrung der Halterung von der Umlenkrolle, weiter durch das Loch in den Henkeln und dann ins Innengewinde. Die Umlenkrolle sitzt nun fest auf dem Korb.

Tragseil spannen

Stecken Sie ein Seil in der passenden Länge und Dicke unter der Umlenkrolle durch (→ Abbildung rechts). Spannen Sie das Seil von der Tal- zur Bergstation, indem Sie an jeder Station einen Schraubhaken in die Mauer oder ein anderes festes Objekt drehen und daran jeweils ein Seilende festknoten.

Zum Ausprobieren

Selbstverständlich können auch alle anderen Körbe zu einer Seilbahn ausgebaut werden. Sie müssen nur eine Umlenkrolle auf den Henkeln montieren und die Seile wie beschrieben befestigen. Falls der Korb bewegliche Bügel hat, werden diese durch eine Stange fixiert.
Weidenkörbe sollten Sie mit einem durchsichtigen Lack anstreichen, damit ihnen Regen nichts anhaben kann.

Zugseil festbinden

Das zweite Seil, das Zugseil, ist zweimal so lang wie der Abstand zwischen Berg- und Talstation. Es wird an der Alustange unterhalb des Henkels festgeknotet und durch den Haken der Bergstation geführt. Nun können Sie an diesem Seil den Korb nach oben ziehen.

Die Seile sollten aus reiß- und wetterfesten Materialien sein.

Dieser redselige Briefkasten verblüfft ahnungslose Briefträger und Passanten durch pfiffige Kommentare.

Sprechender Briefkasten

Material
- **Briefkasten**
- **Für die Sprechanlage:**
    - **2 kleine Ein-/Ausschalter**
    - **2 Akkus**
    - **1 Audioverstärker-Platine**
    - **1 Empfänger-Platine**
    - **1 Sender-Platine**
    - **1 kleiner Lautsprecher**
    - **1 Mikrofon**
    - **1 Rolle Schaltdraht**
- **2 kleine Kunststoff- oder Metallschachteln (ca. 15 x 8 x 3 cm)**
- **2 oder 3 kleine Schrauben zum Befestigen des Lautsprechers**
- **Lötzinn und Flussmittel**

Werkzeug
- **Bohrmaschine**
- **Lötkolben**

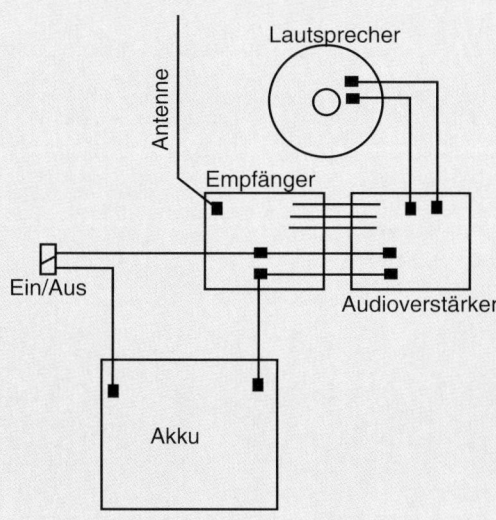

Nach diesem Schaltplan wird der Empfänger gebaut.

Haben Sie schon einmal einen Briefkasten gesehen, der den Briefträger mit einem freund-lichen »Guten Morgen« begrüßt? Der Trick: In Ihrer Wohnung befindet sich ein Sender mit Mikrofon, im Briefkasten ist ein Empfänger versteckt.

So wird's gemacht

Die wesentlichen Arbeiten bestehen darin, die Einzelteile des Empfängers und des Senders miteinander zu verdrahten.

Empfänger für den Briefkasten
Bohren Sie an der Seite des Briefkastens ein Loch, in das Sie den Schalter setzen. Verdrahten Sie die Teile für den Empfänger entsprechend Schaltplan bzw. Hersteller-hinweisen. Als Antenne dient ein Stück Schaltdraht von etwa 30 cm Länge. Bohren Sie ein kleines Loch in die Schach-tel, durch das Sie später die Antenne ziehen. Legen Sie den Aufbau des Empfän-gers in eine der Schachteln und das Ganze in den Briefkasten. Nur der Lautsprecher kommt nicht in die Schachtel, sondern wird an der inneren Seitenwand des Brief-kastens festgeschraubt. Stecken Sie die Antenne durch das Loch in der Schachtel und durch eines der Befestigungslöcher auf der Rückseite des Briefkastens.

Sender für die Wohnung
Verdrahten Sie nun die Teile für den Sender entsprechend Schaltplan bzw. Hersteller-hinweisen, und legen Sie den Aufbau in die zweite Schachtel. Bohren Sie seitlich oder auf der Oberseite Löcher, durch die Sie die Antenne und die Anschlüsse des Mikrofons stecken können. Das Mikrofon wird außen auf der Schachtel befestigt.
Schalten Sie Sender und Empfänger ein, und lassen Sie Ihren Briefkasten sprechen.

Die Elektronik findet in einer Schachtel auf dem Boden des Briefkastens Platz.

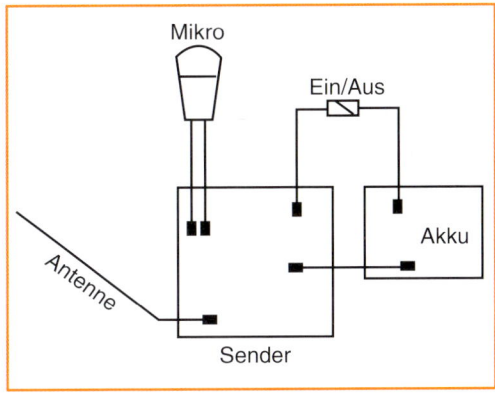

Nach diesem Schaltplan wird der Sender gebaut.

Unter Wolken von Qualm und Rauch setzt sich die Walze in Bewegung.

Dampfwalze

Material

- 2 Aluvollrohre, 100 mm Ø, 35 mm breit (hintere Walzen)
- Aluvollrohr, 60 mm Ø, 95 mm breit (vordere Walze)
- Aluvollrohr, 65 mm Ø, 70 mm breit (Nase)
- Messingscheibe, 45 mm Ø, 17 mm stark (1. Antriebsscheibe)
- Messingscheibe, 12 mm Ø, 17 mm stark (2. Antriebsscheibe)
- Messingscheibe, 50 mm Ø, 10 mm stark (3. Antriebsscheibe)
- Kupferrohr, 55 mm Ø, 250 mm lang (Wasserkessel)
- 2 Kupferbleche, 55 mm Ø, Stärke wie Kupferrohr (Wasserkessel)
- Messingrohr, 12 mm Ø, 10 mm lang mit 8er Innengewinde (Wassereinfüllrohr)
- Messingvollrohr, 27 mm Ø, 35 mm lang (Verschluss für Wassereinfüllrohr)
- Kupferrohr, 5 mm Ø, ca. 250 mm (Wasserkesselleitungen)

- Messingvollrohr, 20 mm Ø, 170 mm lang (Kamin)
- Eisenband, 555 x 20 x 0,4 mm (Halterung der vorderen Walze)
- 0,3 mm starkes Blech:
  - 400 x 100 mm (vorderer Mantel)
  - 125 x 125 mm, zweimal (vorderer Mantel)
  - 230 x 60 mm (hinterer Mantel)
  - 100 x 75 mm (hinterer Mantel)
  - 190 x 140 mm (Dach)
  - 75 x 130 mm (Kohleschieber)
  - 110 x 15 mm (Kohleschiebergriff)
- Messingvollrohr, 20 mm Ø, 60 mm lang (Zylinder 1)
- Messingvollrohr, 14 mm Ø, 70 mm lang (Kolben 1)
- Messingvollrohr, 12 mm Ø, 50 mm lang (Zylinder 2)
- Messingvollrohr, 12 mm Ø, 35 mm lang (Kolben 2)
- 2 Messingstreifen, 100 x 10 x 2 mm (Pleuelstangen)

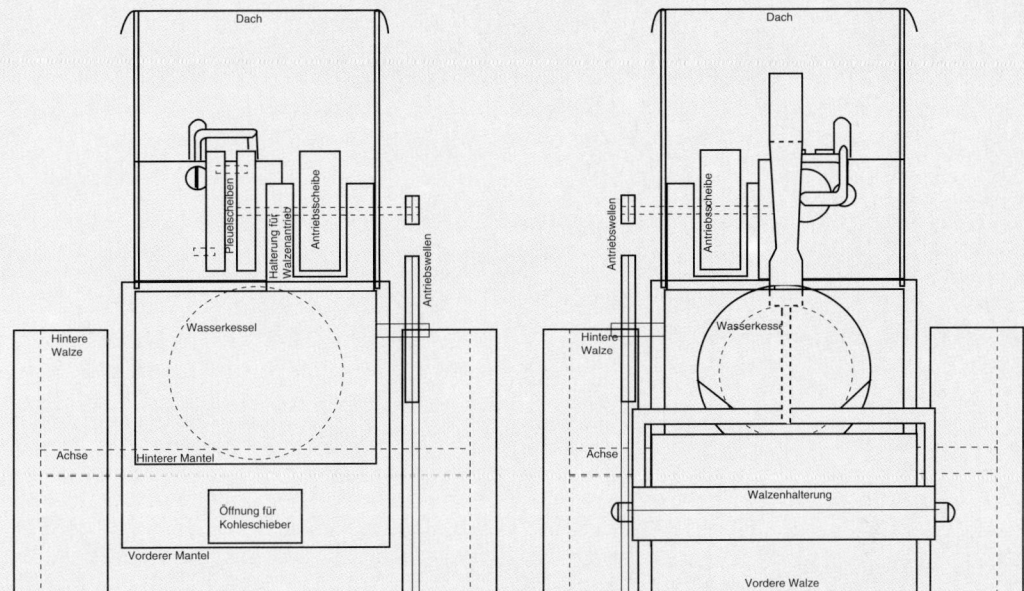

Links sehen Sie einen Querschnitt durch die Walze von hinten, rechts von vorne.

- **Messingscheibe, 40 mm Ø, 8 mm stark (große Pleuelscheibe)**
- **Messingscheibe, 30 mm Ø, 8 mm stark (kleine Pleuelscheibe)**
- **Rundeisen, 5 mm Ø, 28 mm lang (Pleuelscheibenachsen)**
- **Eisen, 40 x 35 x 10 mm (Halterung der Antriebsscheiben)**
- **Eisen, 40 x 60 x 10 mm (Halterung der Zylinder)**
- **Gewindestange, 8 mm Ø, 1 m lang (diverse Achsen)**
- **Eisenstange, 12 mm Ø, 100 mm lang, mit 8er Innengewinde an den Enden (Befestigung hintere Walzen)**
- **Innensechskantschraube, 8 mm Ø, 50 mm lang (Achse 3. Antriebsscheibe)**
- **4 Hutmuttern, 2 Muttern und 10 Beilagscheiben, 8 mm Ø**
- **4 Eisenstangen, 3 mm Ø, 100 mm lang (Dachstützen)**

- **2 Eisenleisten, 90 x 10 x 0,3 mm (Schienen für Dachstützen)**
- **2 Splintschrauben**
- **Nieten**
- **2 Gummiringe, 20 und 35 cm lang**
- **Gummidichtung, 8 mm Ø (Wassereinfüllrohr)**
- **Schwarzer und roter Kunstharzlack**
- **Nitroverdünnung**
- **Alter Lappen**
- **Motorfett**
- **Hartlot und Flussmittel**
- **Esbit**

Werkzeug

- **Drehbank**
- **Eisen zum Abdrehen**
- **Bohrmaschine**
- **Schweißgerät**
- **Lötkolben**

- **Schraubstock**
- **Feilen**
- **Pinsel**
- **Lineal**
- **Messschieber**
- **Stift**

Noch immer faszinieren diese Pioniere des Industriezeitalters. Unser Modell ist voll funktionsfähig: Der Heizer gibt ein Stück Esbit in den Kohlenkasten und zündet es an. Wenn durch das kochende Wasser der Druck groß genug ist, bewegt sich die Dampfwalze.

So wird's gemacht

Zunächst werden die Einzelteile auf der Werkbank gedreht und dann Schritt für Schritt zusammengebaut.

Hintere Walzen
Spannen Sie eine Scheibe für eine hintere Walze in die Drehbank, und drehen Sie sie nach der unten stehenden Zeichnung. Die

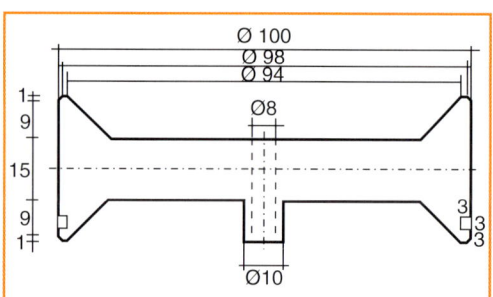

Hintere Walzen

zweite Walze fertigen Sie genauso an. Lackieren Sie die Innenseiten der Walzen mit rotem Lack. Entfernen Sie vorher den Schleifstaub mit einem alten Lappen, der mit Nitroverdünnung getränkt wurde.

Vordere Walze
Drehen Sie die Walze nach der Zeichnung, und bohren Sie durchgängig ein Loch mit 8 mm Durchmesser für die Achse.

Nase drehen
Fertigen Sie die Nase nach der Zeichnung mit der Bohrung und dem Schnitt an. Glätten Sie die Kanten mit Feilen. Lackieren Sie die Nase mit dem roten Lack, säubern Sie die Oberfläche vor dem Anstrich mit Nitroverdünnung.

Antriebsscheiben drehen
Drehen Sie die drei Antriebsscheiben nach den Zeichnungen aus Messing. Hier wird später der Riemen zur Walze eingehängt (→ Foto Seite 15).

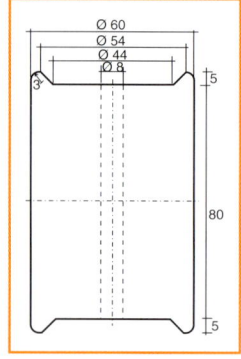

Vordere Walze

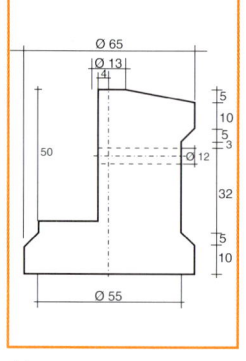

Nase

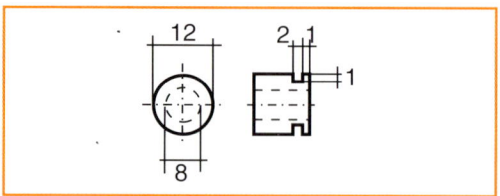

2. Antriebsscheibe

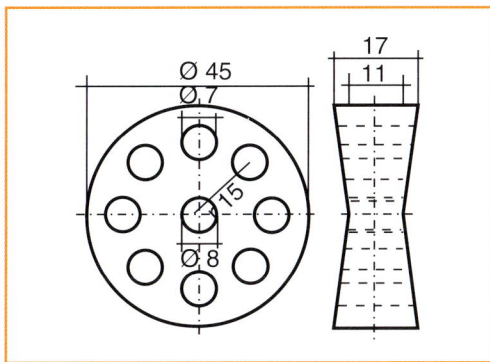

1. Antriebsscheibe

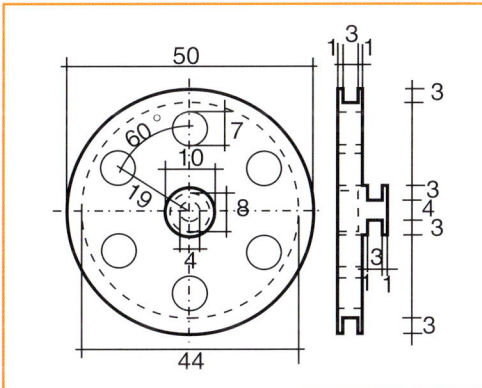

3. Antriebsscheibe

Die Antriebsscheiben sitzen auf dem hinteren Mantel.

Wasserkessel mit Aufbauten

Schließen Sie das Kupferrohr an beiden Enden mit hart gelöteten Kupferblechen. Bohren Sie für das Wassereinfüllrohr ein 12 mm großes Loch mit 25 mm Abstand zu einem Ende. Schweißen Sie darauf ein 10 mm hohes Messingrohr, Durchmesser

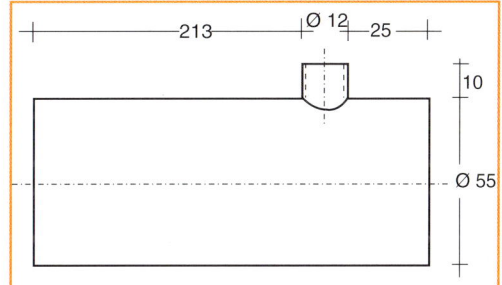

Wasserkessel mit Einfüllrohr

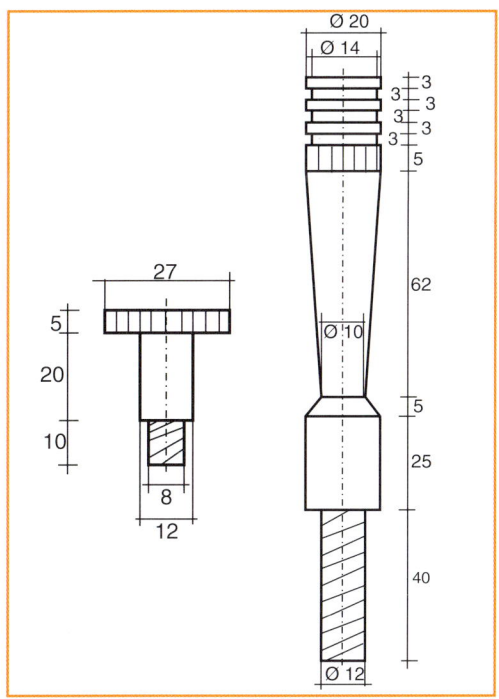

Verschluss für Wassereinfüllrohr (links) und Kamin (rechts)

Zwei Rohre verbinden den Kessel mit den Zylindern.

Unter die Nase wird die Walzenhalterung geschraubt.

12 mm, mit Innengewinde fest. Glätten Sie die Schweißnaht.

Drehen Sie den Verschluss gemäß der Zeichnung, und schrauben Sie ihn mit einer dazwischen gelegten Gummidichtung auf den Wasserkessel.

Auf der gleichen Achse, mit 20 mm Abstand zum Wassereinfüllrohr, schweißen Sie ein Kupferrohr mit 5 mm Durchmesser und 150 mm Länge fest (→ Foto oben links). Versäubern Sie die Schweißnähte. Biegen Sie das Rohr in 50 mm Höhe rechtwinklig nach hinten, in 50 mm Länge biegen Sie es waagrecht nach rechts und in 30 mm senkrecht nach unten.

Kamin drehen

Drehen Sie gemäß Zeichnung ein Messingrohr für den Kamin. Er dient als Lenkachse für die vordere Walze. Lackieren Sie den Kamin unterhalb der Rändelung schwarz.

Walzenhalterung zuschneiden

Schweißen Sie aus dem 20 mm breiten Eisenband die Halterung für die Walze (→ Foto oben rechts). Dafür biegen Sie einen Streifen von 185 mm Länge im rechten Winkel beidseitig mit 35 mm Abstand

ab. Bohren Sie in die Mitte des Eisens ein Loch mit 12 mm Durchmesser.

Aus 370 mm langem Eisenband formen Sie ein Rechteck mit 105 x 80 mm und schweißen die Enden zusammen. Schweißen Sie nun das abgewinkelte Eisen mittig auf die Seiten des Rechtecks. Glätten Sie alle Schweißnähte. In die Schmalseiten des Rechtecks bohren Sie mittig Löcher mit 8 mm Durchmesser für die Achse. Lackieren Sie die Halterung schwarz.

Vorderer Mantel

Markieren Sie auf einem 400 x 100 mm großen Blechstreifen senkrechte Linien mit 100 mm Abstand zueinander. Rechts und

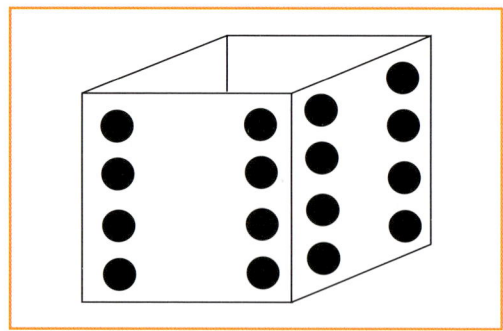

Der vordere Mantel erhält Lochreihen.

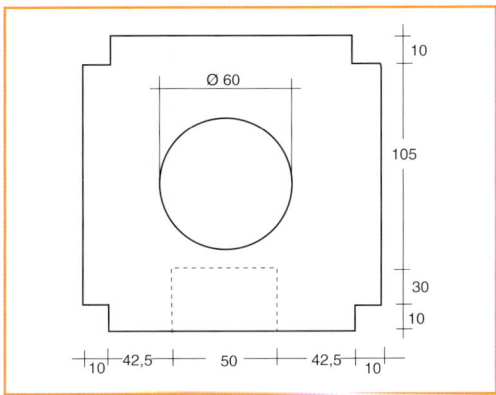

Das ist der Deckel für den vorderen Mantel.

links dieser Linien und neben den Schmalseiten bohren Sie mit 10 mm Abstand je vier Löcher mit 10 mm Durchmesser (→ Abbildung Seite 16 unten). Diese Löcher haben einen Abstand von 12 mm zueinander und zu den Kanten. Entgraten Sie die Bohrlöcher. Biegen Sie nun den Streifen entlang der markierten Linien rechtwinklig ab, und schweißen Sie die Kanten zusammen. Glätten Sie die Schweißnähte mit der Feile. Schneiden Sie von zwei 125 x 125 mm großen Blechstücken an den Ecken 10 x 10 mm große Quadrate heraus (→ Abbildung oben). Sägen Sie in beide Bleche ein Loch mit 60 mm Durchmesser mittig 15 mm unterhalb einer Kante heraus. Durch diese Löcher wird später der Wasserkessel geführt. Aus dem zweiten Blech schneiden Sie außerdem an der Kante, die dem Loch gegenüberliegt, ein 40 mm hohes und 50 mm breites Rechteck heraus. Hier kommt später der Kohleschieber hinein. Biegen Sie nun alle Kanten 10 mm breit im rechten Winkel zu einer Seite, und schweißen Sie sie an den Ecken zusammen. Glätten Sie die Schweißnähte. Setzen Sie die Bleche wie Deckel auf den Kubus: Dabei liegt das Loch für den Kessel oben

und der Einschnitt für das Kohlebecken unten. Schweißen Sie die »Deckel« fest.

Hinterer Mantel

Formen Sie aus einem 230 mm langen und 60 mm breiten Eisenblech ein U mit 75 mm Seitenlänge. 15 mm unterhalb der Oberkante mit 60 mm Abstand zur rechten Ecke bohren Sie ein Loch mit 8 mm Durchmesser für die Achse der Antriebsscheibe 3 (→ Abbildung unten).

Für die Abdeckung des U schneiden Sie aus einem 100 x 75 mm großen Blech beide Ecken an den Längskanten mit 10 mm im Quadraht heraus. Biegen Sie die Kanten rechtwinklig nach unten. Schweißen Sie den »Deckel« auf das U.

Nun schweißen Sie die offene Seite mittig ausgerichtet so an den vorderen Mantel, dass der Deckel des hinteren Mantels in gleicher Höhe wie die Oberfläche des vorderen Mantels liegt. Lackieren Sie den vorderen und hinteren Mantel schwarz.

Zylinder und Kolben

Fertigen Sie die Zylinder mit den Kolben nach den Zeichnungen auf Seite 18 an.

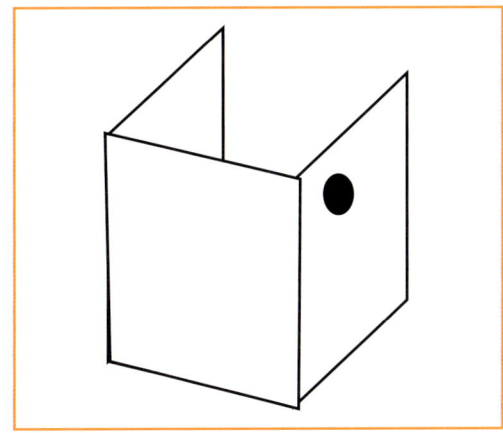

Der hintere Mantel hat die Form eines U.

Dampfwalze

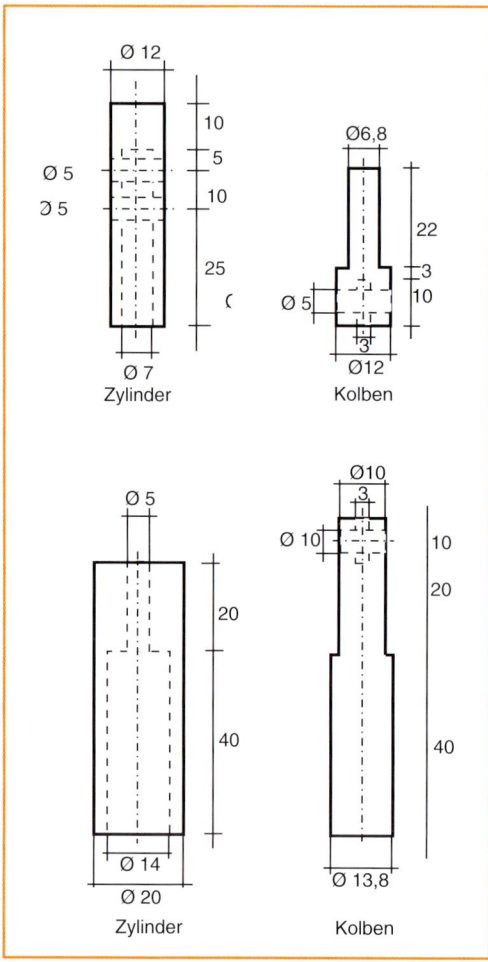

Zylinder und Kolben werden in zwei verschiedenen Größen angefertigt.

Pleuelstangen- und scheiben

Die zwei Stangen sägen Sie aus 2 mm starkem Messing und biegen sie entsprechend der Zeichnung unten rechts. Bohren Sie Löcher als Verzierungen in die Stangen. Die Scheiben sägen Sie aus 8 mm starkem Messing. Zuvor übertragen Sie die Formen von der Vorlage auf das Blech. Beachten Sie auch die Lage der Markierungen für die Achsen.

Halterung der Antriebsscheiben

Sägen Sie aus dem 35 mm breiten Eisen mittig ein U mit 20 x 30 mm heraus (→ Foto Seite 15 unten). Glätten Sie die Kanten, und bohren Sie von der Seite her durch beide Schenkel des U Löcher mit 8 mm Durchmesser.

Stecken Sie die Achse (Gewindestange, 85 mm lang) mit der Antriebsscheibe 2 durch den Schenkel des U. Schieben Sie eine Beilagscheibe, die Antriebsscheibe 1 sowie eine weitere Beilagscheibe auf, und schieben Sie die Achse durch den zweiten Schenkel des U. Zuletzt stecken Sie die große Pleuelscheibe auf und fixieren das Ende mit einer Niete.

Befestigen Sie die nach links gebogene Pleuelstange mit einem 10 mm langen Rundeisen an der Bohrung des kleinen

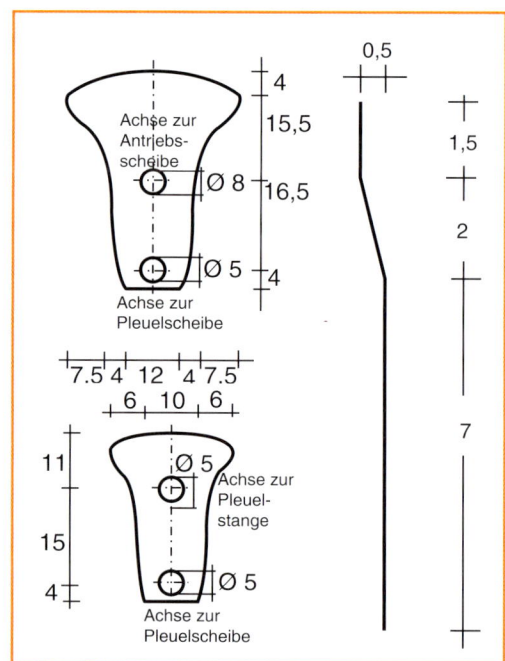

Das sind die Vorgaben für Pleuelscheiben und Pleuelstange.

Pleuels, und fixieren Sie sie auf der Seite der Pleuelstange mit einer Niete, sodass sich die Stange drehen lässt. Legen Sie die nach rechts gerichtete Pleuelstange zwischen beide Pleuel, und stecken Sie ein Rundeisen mit 18 mm Länge in die Bohrung. Fixieren Sie das Rundeisen durch die Bohrung von der unteren Kante der Pleuelscheibe mit einer Niete.

Nun stecken Sie die anderen Enden der Pleuelstangen in die Einschnitte der Kolben und fixieren sie dort mit Splintschrauben und durchgesteckten Splinten. Bestreichen Sie die Kolben mit Motorfett, und stecken Sie sie in die Zylinder.

Halterung der Zylinder

Markieren Sie auf dem 60 mm breiten Eisen eine Linie mit 15 mm Abstand zur Oberkante. Auf dieser Linie markieren Sie Abstände mit 18 mm und 38 mm zur linken senkrechten Kante. Bohren Sie mittig in die erste Markierung ein Loch mit 12 mm Durchmesser, in die zweite Markierung ein Loch mit 20 mm Durchmesser.

Stecken Sie durch diese Löcher die Zylinder, sodass sie auf der Vorderseite 30 mm weit herausragen. Fixieren Sie sie von oben mit Hohlnieten, die in Bohrungen stecken. Stellen Sie die Zylinder- und Antriebsscheibenhalterungen auf die Oberseite des vorderen und hinteren Mantels. Die Zylinderhalterung hat 30 mm Abstand zur Vorderkante und 10 mm zur Seite, die Antriebshalterung hat 5 mm Abstand zur Seite und 15 mm nach hinten. Schweißen Sie die Halterungen an diesen Stellen fest.

Zusammenbau der vorderen Walze

Stecken Sie den Kamin in die senkrechte Bohrung der Nase. Legen Sie auf der Unterseite eine Beilagscheibe unter, und drehen Sie eine Mutter auf. Stecken Sie das Gewinde durch die Bohrung der Walzenhalterung, schieben Sie eine Beilagscheibe darauf, und drehen Sie eine Mutter fest.

Zur Befestigung der vorderen Walze schieben Sie eine 120 mm lange Gewindestange mit 8 mm Durchmesser durch die seitliche Bohrung der Halterung, stecken eine Beilagscheibe, die Walze sowie eine weitere Beilagscheibe auf und schieben es durch die zweite Bohrung. Nun drehen Sie beidseitig über Beilagscheiben die Hutmuttern aus Messing auf.

Verbindung der Nase mit dem Kessel

Löten Sie die Nase auf die Vorderseite des Kessels. Schieben Sie diesen durch die Löcher im Mantel, der Kessel steht auf der Vorderseite 60 mm heraus. Fixieren Sie den Kessel mit Lötpunkten auf dem Mantel. Nun löten Sie das vorgebogene Kupferrohr vom Kessel an der hinteren Bohrung des Steuerzylinders (→ Foto Seite 16 links oben) fest. Ein zweites Rohr biegen Sie nach 20 mm rechtwinklig ab, nach 20 mm wieder im rechten Winkel nach oben, führen es nach 20 mm im rechten Winkel nach hinten und nach 35 mm im rechten Winkel nach unten. Halten Sie dieses Rohr vor die Bohrung des Arbeitszylinders, das zweite Ende sollte auf die vordere Bohrung des Steuerzylinders treffen. Biegen Sie es bei Bedarf noch passend nach bzw. kürzen Sie es in der Länge. Löten Sie es auf den Zylindern über den Bohrungen fest, und glätten Sie die Lötnähte.

Befestigung der hinteren Walzen

Schweißen Sie unter die hintere Kante des vorderen Mantels eine 100 mm lange Eisenstange, die beidseitig ein Innengewinde mit 8 mm Durchmesser hat. Drehen Sie beid-

seitig 50 mm lange Gewindestangen mit 8 mm Durchmesser ein. Schieben Sie eine Beilagscheibe auf, stecken Sie die Walze und wieder eine Beilagscheibe darauf, und drehen Sie auf die Enden Hutmuttern aus Messing. Legen Sie die Gummiringe in die entsprechenden Nuten.

Dritte Antriebsscheibe
Stecken Sie die Scheibe, gefolgt von einer Beilagscheibe, auf eine 50 mm lange Innensechskantschraube. Stecken Sie sie durch die Bohrung des hinteren Mantels, und fixieren Sie sie von innen mit Beilagscheibe und Kontermuttern.

Dach und Dachstützen
Biegen Sie ein 190 x 140 mm großes Blech an den Längskanten 10 mm senkrecht nach unten. Formen Sie es so, dass es eine leichte Wölbung erhält. Schweißen Sie an je zwei 100 mm lange Eisenstangen mit 3 mm Durchmesser eine 90 mm lange und 10 mm breite Schiene. Die Stangen sitzen dabei mit 10 mm Abstand senkrecht unter den Schienen (→ Abbildung unten).
Lackieren Sie das Dach beidseitig rot, die Stangen und die Schienen schwarz. Stellen Sie die Schienen auf das Dach, sodass sie zur vorderen und hinteren Kante 50 mm Abstand und zur Seite 20 mm Abstand haben. Bohren Sie mittig zwei Löcher mit 50 mm Abstand zueinander durch Schiene und Dach, und fixieren Sie die Schienen mit Nieten von der Oberseite. Stellen Sie das Dach auf die Dampfwalze, richten Sie es mittig aus, und schweißen Sie die Stangen auf dem vorderen und hinteren Mantel fest.

Kohlenkasten mit Griff
Schneiden Sie ein Blech in den Maßen 75 x 130 mm zurecht. Sägen Sie an den Ecken 15 mm große Quadrate heraus. Entlang der Längskanten bohren Sie sechs Löcher mit 7 mm Durchmesser. Die Mittelpunkte zeichnen Sie mit 15 mm Abstand

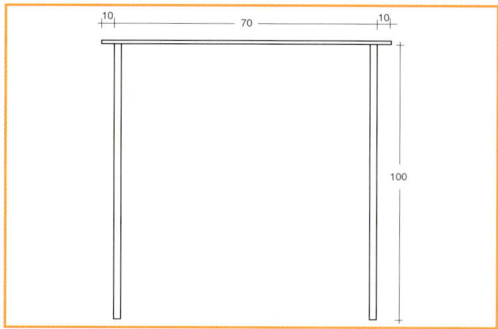

Eisenstangen stützen das Dach.

zueinander und 12,5 mm Abstand zu den Seiten auf. Biegen Sie die Seiten im rechten Winkel 15 mm breit nach oben, und verschweißen Sie die Ecken.

In den Kohlenkasten kommt Brennmaterial.

Biegen Sie einen 15 mm breiten und 110 mm langen Blechstreifen zu einem Griff (→ Abbildung unten), und schweißen Sie die Schmalseite mittig an den Kasten. Lackieren Sie den Kohlenkasten schwarz. Schieben Sie ihn nach dem Trocknen in die Aussparung des vorderen Mantels unter den Wasserkessel.

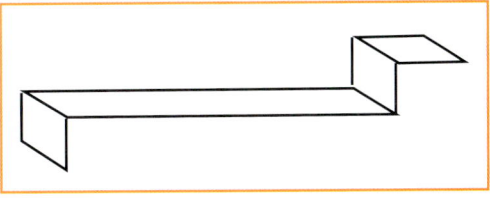

So wird der Griff gebogen.

Ein Drahtesel im wahrsten Sinne des Wortes: Für dieses Rad wurde ein langes Stück Lötdraht verabeitet, der sich leicht in Form biegen lässt.

Drahtesel

Material
- **Lötdraht, 2 mm Ø**
- **Schwarzer und roter Schrumpf-schlauch, 4 mm Ø**
- **3 Federn, 4 mm Ø, 4 cm lang (fertig gekauft oder selbst über einen Rund-stab mit 3 mm Ø gewickelt)**

Werkzeug
- **Haushaltsschere**
- **Drahtschere**
- **Kleine Rundzange**

Zum Ausprobieren

Wenn Sie einmal den Dreh raushaben, können Sie auch andere Fahrzeuge aus Draht formen: etwa eine Harley Davidson oder ein nostalgisches Hochrad. Machen Sie vorher eine maßstabsgetreue Skizze, der Sie entnehmen können, in welcher Reihenfolge die Teile gewickelt und geformt werden. Als Vorlage dienen Prospekte oder Fotografien des gewünschten Objekts.

Hätten Sie gedacht, dass man ein komplettes Rad mit allem Drum und Dran aus nur einem Stück Draht formen kann? Nicht nur Biker-Fans werden an diesem originellen Schmuckstück Gefallen finden.

So wird's gemacht

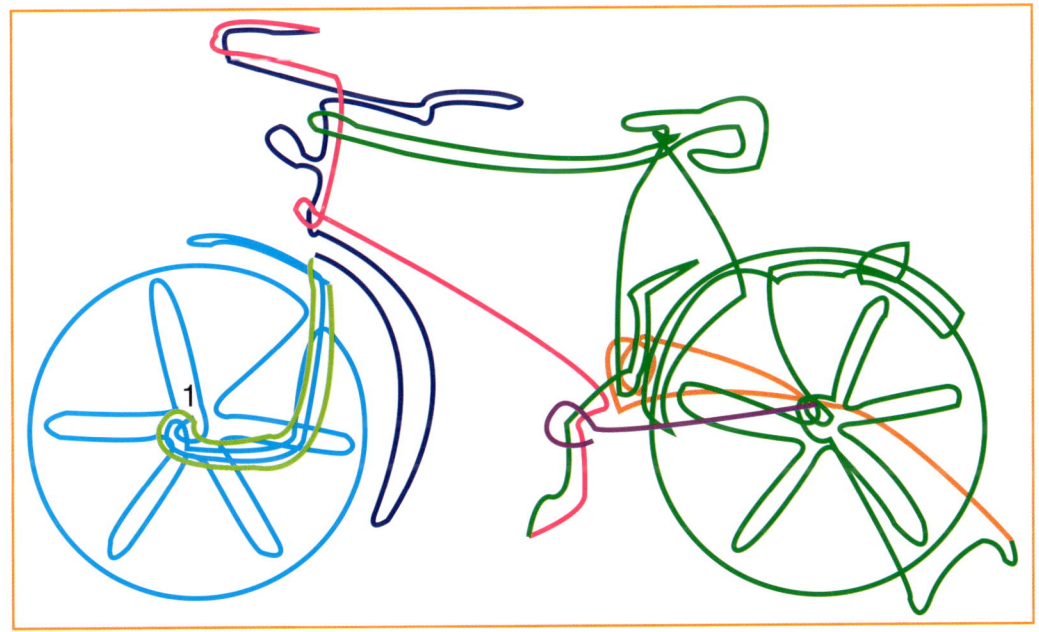

Diese maßstabsgetreue Zeichnung zeigt, wie der Draht gebogen wird.

Auf der Zeichnung können Sie verfolgen, in welcher Reihenfolge der Draht geformt wird. Der Startpunkt ist in der Mitte des vorderen Rades. Vorher müssen die Schläuche und Federn auf den Draht gefädelt werden.

Zuschneiden und Auffädeln der Schläuche
Schneiden Sie vom schwarzen Schlauch drei 15 cm lange, zwei 3 cm lange und zwei 2 cm lange Stücke ab. Vom roten Schlauch schneiden Sie zwei 2 cm lange Stücke ab.

Schieben Sie nun die Schläuche und Federn in folgender Reihenfolge auf den Lötdraht: einen 15 cm langen schwarzen Schlauch (Hinterreifen), einen roten Schlauch (Rückstrahler), zwei Federn, einen 15 cm langen schwarzen Schlauch (Sattel), eine Feder, zwei 2 cm lange schwarze Schläuche (Pedale), zwei 3 cm lange schwarze (Griffe), einen roten (Scheinwerfer) und zuletzt einen 15 cm langen schwarzen (Vorderreifen).

Vorderrad biegen

Beginnen Sie mit der Mitte der vorderen Speichen, und drehen Sie über der Rundzange eine kleine Öse (türkis, 1). Bilden Sie dann die fünf doppelten Speichen, die sechste ist nur aus einfachem Draht und geht in den Reifen über. Bevor Sie diesen formen, schieben Sie den ersten schwarzen Schlauch auf.

Vom Reifen geht es weiter zur Vorderradgabel, die bis zur Speichenmitte und dicht darunter zurück nach oben zum vorderen Schutzblech läuft. Das Schutzblech doppelt über dem Reifen biegen, die Drähte liegen etwa 1 cm auseinander, und auf der Rückseite des Rades (hellgrün) die Vorderradgabel wie auf der Vorderseite biegen. Anschließend wird der Draht wieder nach oben bis knapp ans Schutzblech geführt. Von da aus (violett) – ebenfalls mit 1 cm Abstand – den unteren Teil des Schutzblechs doppelt biegen.

Lenkstange formen

Biegen Sie nun die Fortsetzung der Gabel (über dem Punkt des Übergangs von Grün zu Violett) 2 cm nach oben. Schieben Sie den roten Schlauch bis zu diesem Punkt, und formen Sie eine Schleife für die Beleuchtung.

Die Gabel läuft nun noch 1 cm nach oben und geht dann in die Lenkstange über: zunächst die linke Seite, über deren Griff Sie den ersten kurzen schwarzen Schlauch ziehen. Weiter geht es parallel über die Lenkstange zur rechten Seite, die genauso wie die linke Seite gearbeitet wird. Vom zweiten Griff (rot) biegen Sie den Draht bis zur Gabel zurück, formen knapp oberhalb des Schutzblechs eine feste Schlinge um die Gabel und ziehen den Draht zu den Pedalen.

Linkes und rechtes Pedal

Für das linke Pedal biegen Sie den Draht 1 cm rechtwinklig nach links, 1 cm nach unten und wieder nach links. Schieben Sie den Schlauch über, und formen Sie eine 1 cm breite Trittfläche, indem Sie den Schlauch zurückbiegen. Weiter geht's (grün) 1 cm nach oben und 2,5 cm nach rechts zum rechten Pedal. Dieses formen Sie in der gleichen Weise wie das erste, nur ist es nach oben gerichtet. Nun wird der Draht, umgeben von einer Feder, senkrecht nach oben bis zum Sattel gezogen.

Sattel und Fahrradstange

Für den Sattel ziehen Sie das nächste Stück Schlauch vor und formen daraus die vordere Spitze und die hintere Rundung. Innerhalb dieser Rundung wird der Draht wieder zur Mitte des Rahmens geführt. Für die Fahrradstange biegen Sie direkt unterhalb des Sattels den Draht, umhüllt mit einer Feder, waagrecht nach vorne, um die Gabel oberhalb der Lampe herum und von dort – wieder von einer Feder umgeben – parallel zurück zum Sattel. Wickeln Sie den Draht einmal fest um die Gabel unterhalb des Sattels, und biegen Sie ihn dann nach unten.

Hinterrad biegen

Formen Sie nun den unteren Teil des hinteren Schutzblechs. Er folgt auf der linken Seite dem Verlauf des Rades bis 1 cm über der Kette, wird rechtwinklig nach rechts und nach 1 cm dann nach oben und rund um das Rad bis zum Ende des hinteren Schutzblechs geführt. Hier biegen Sie ihn rechtwinklig nach links und nach 1 cm wieder nach oben. Nach 1,5 cm ziehen Sie den roten Schlauch über und formen einen dreieckigen Rückstrahler. Anschließend

Durch eine einfache, aber geniale Idee bekommt das Rad »richtige« Reifen, schwarze Griffe und Pedale sowie einen weichen Sattel: An diesen Stellen wurden Schrumpf- schläuche aufgezogen.

führen Sie den Draht weiter nach vorne zum Ausgangspunkt des Schutzblechs. Nun schieben Sie den schwarzen Schlauch nach vorn und formen daraus den Reifen. Dann ziehen Sie den Draht zur Mitte des hinteren Rades und biegen von da aus die Speichen. Biegen Sie nach der letzten Spei- che auf Nabenhöhe mit der Rundzange eine kleine Öse.

Fahrradständer und Kette

Von der Nabe aus wird nun der Fahrrad- ständer geformt: Ziehen Sie den Draht links vom Rad nach unten, 0,5 cm nach oben, rechtwinklig 2 cm nach rechts und 0,5 cm nach unten. Ab hier (orange) ziehen Sie den Draht nach oben zur rechten Seite der Nabe und weiter nach vorne zur Pedale. Dort wickeln Sie den Draht in dichten Run- den als Zahnkranz um das rechte Pedal. Nach der letzten Wicklung führen Sie den Draht wieder zur Speichenmitte, durch diese auf die linke Seite (violett) und nach vorne um das linke Pedal. Hier biegen Sie einen Rundhaken um das Pedal und schneiden den Draht ab.

An alles gedacht: Auf einem richtigen Rennwagen dürfen natürlich nicht die Werbeaufschriften fehlen.

Formel-1-Seifenkiste

Material
- 19 mm starke Tischlerplatte:
  - 118 x 50 cm (Chassis)
  - 60 x 45 cm (Frontchassis)
- 16 mm starke Tischlerplatte:
  - 100 x 15 cm (Chassisverstärkung)
  - 12 x 12 cm, zweimal (Achsaufnahmen)
  - 50 x 30 cm (Sitzlehne)
  - 60 x 25 cm, zweimal (Seitenteil)
  - 10 x 13 cm, zweimal (Sitzstütze)
  - 53 x 26 cm (Rückwand)
  - 24,5 x 45 cm, zweimal (seitliche Nase)
  - 35 x 10 cm (Bremshebel)
  - 15 x 7 cm (Bremsklotz)
- 8 mm starkes Sperrholz:
  - 70 x 20 cm (Frontflügel)
  - 24 x 10 cm, zweimal (Endkappe Frontspoiler)
  - 53 x 25 cm, zweimal (Heckflügel)
  - 40 x 25 cm, zweimal (Endkappe Heckspoiler)
- 3 mm starkes Sperrholz:
  - 40 x 16 cm, zweimal (Abdeckung hinten)
  - 26,5 x 49 cm (Abdeckung Nase)
  - 8,5 x 19 cm, zweimal (seitliche Schürze)
  - 8,5 x 22,5 cm, zweimal (seitliche Schürze)
- Weiße Hartfaserplatte:
  - 38 x 40 cm (hintere gerundete Abdeckung)
- Für die Räder und die Lenkung:
  - Lenkplatte mit Kugellager
  - 4 Schubkarrenräder, 26 cm Ø
  - 4 Montagesätze für Räder
  - 2 Radachsen aus verzinktem Metall, 2 cm Ø, 80 cm lang,
  - 8 Achsbefestigungen zum Aufschrauben auf den Boden
  - 2 Befestigungsringe für die hintere Achse
  - 2 Schraubhaken für die Lenkung

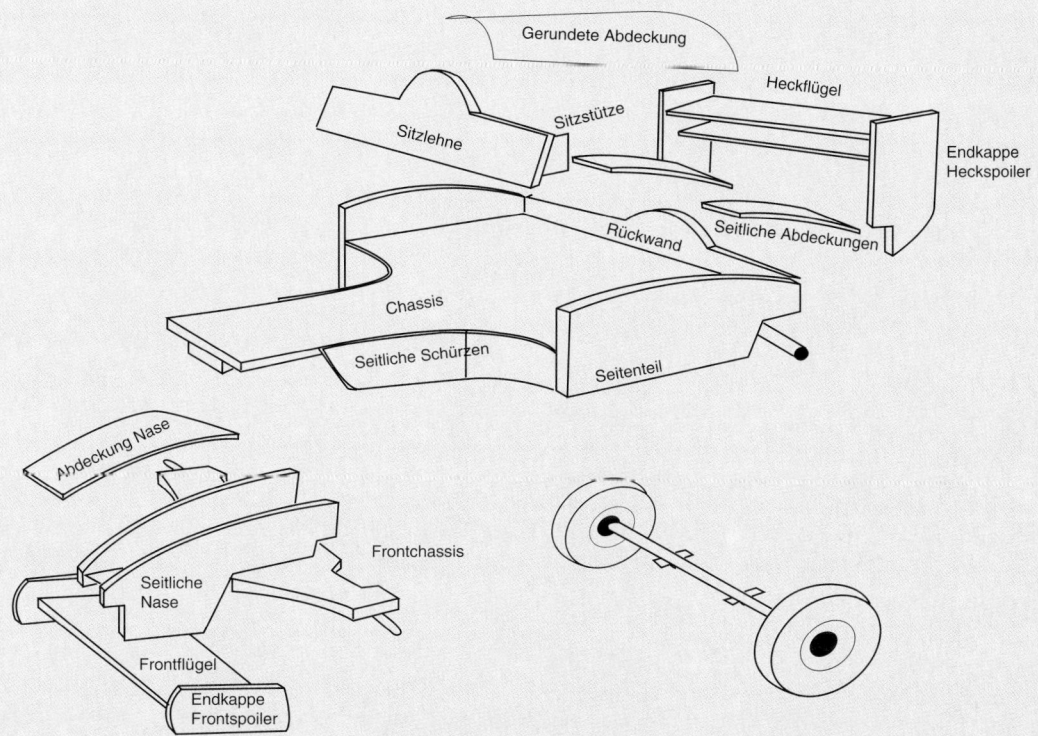

Gerundete Abdeckung

Heckflügel

Sitzstütze

Sitzlehne

Endkappe
Heckspoiler

Rückwand

Seitliche Abdeckungen

Chassis

Seitliche Schürzen

Seitenteil

Abdeckung Nase

Frontchassis

Seitliche
Nase

Frontflügel

Endkappe
Frontspoiler

Dieser Übersichtszeichnung können Sie entnehmen, wie die Teile zusammengesetzt werden.

- Nylonseil zum Lenken und Ziehen, 130 cm lang
- Mittleres und feines Schleifpapier
- Sprühgrundierung für Holz
- Roter, weißer und schwarzer Sprühlack
- Holzschrauben, 35 mm und 50 lang
- Alurohr, 2 cm Ø, 10 cm lang (Bremse)
- 2 Gewindestangen, 8 mm Ø, 15 cm lang
- 13 Muttern und 6 Beilagscheiben, passend zu den Gewindestangen
- Aufkleber mit Werbung (erhältlich bei Tankstellen oder beim Autohändler)
- Eventuell Sprühkleber
- Wasserfeste Transparentfolie

Werkzeug
- Bleistift
- Kreissschablone oder Zirkel
- Stichsäge
- Schleifklotz und -papier oder Bandschleifer
- Bohrmaschine
- Schraubendreher oder Akkuschrauber
- Großer Topf

Früh übt sich: Mit diesem schnittigen Flitzer können die angehenden Rennfahrer schon in jungen Jahren für die Formel 1 trainieren – oder einfach nur ihren Spaß haben.

So wird's gemacht

Zuerst werden alle Teile der Karosserie ausgesägt und lackiert. Dann folgt Schritt für Schritt der Zusammenbau der Teile und die Befestigung der Radachsen und der Lenkung.

Zuschneiden der Karosserieteile

Zeichnen Sie die Teile nach den Schemazeichnungen auf die angegebenen Brettstärken auf. Für die rechteckigen Teile gibt es keine Zeichnung, sie werden entsprechend den Maßen der Materialliste zugeschnitten.
Einige Teile haben abgerundete Ecken: Zeichnen Sie diese mit einer Kreisschablone (2 cm Radius) oder einem Zirkel an. Sägen Sie alle Teile mit der Stichsäge aus. Schleifen Sie die Schnittflächen glatt, und fasen Sie die Kanten im 45-Grad-Winkel an. Schleifen Sie alle Flächen zuerst mit mittlerem, dann mit feinem Schleifpapier glatt.

Teile lackieren

Spritzen Sie alle Teile, nachdem Sie den feinen Schleifstaub entfernt haben, mit dem Grundierspray. Am wenigsten schädlich ist das an einem trockenen Tag im Freien oder bei weit geöffneten Fenstern. Zur Sicherheit können Sie auch einen Mundschutz tragen, den Sie in der Farbenabteilung erhalten.
Dann spritzen Sie die Oberflächen der einzelnen Teile in folgenden Farben:

Rot

Chassis: oben/Kanten
Sitzlehne: einseitig/Kanten
Seitenteil: rundum
Rückwand: einseitig/Kanten
Seitliche Nase: außen/Kanten
Endkappe Frontspoiler: rundum
1 Heckflügel: rundum
Endkappe Heckspoiler: außen/Kanten
Abdeckung Nase: oben/Kanten
Abdeckung hinten: außen/Kanten
Bremshebel: rundum
Bremsklotz: außen/Kante

Schwarz

Frontchassis: oben/Kanten
Endkappe Heckspoiler: innen

Weiß

Frontflügel: rundum
1 Heckflügel: rundum
Seitliche Schürzen: außen/Kanten

Der Unterbau des hinteren Chassis

Zeichnen Sie auf der Unterseite des hinteren Chassis die Lage der längs laufenden Verstärkung an. Die genauen Maße entnehmen Sie der Schemazeichnung. Legen Sie die Verstärkung auf das Chassis, und schrauben Sie sie mit Holzschrauben beidseitig der Längskanten fest. Damit das Holz nicht reißt, bohren Sie die Löcher für die Schrauben mit einem dünneren Bohrer vor.

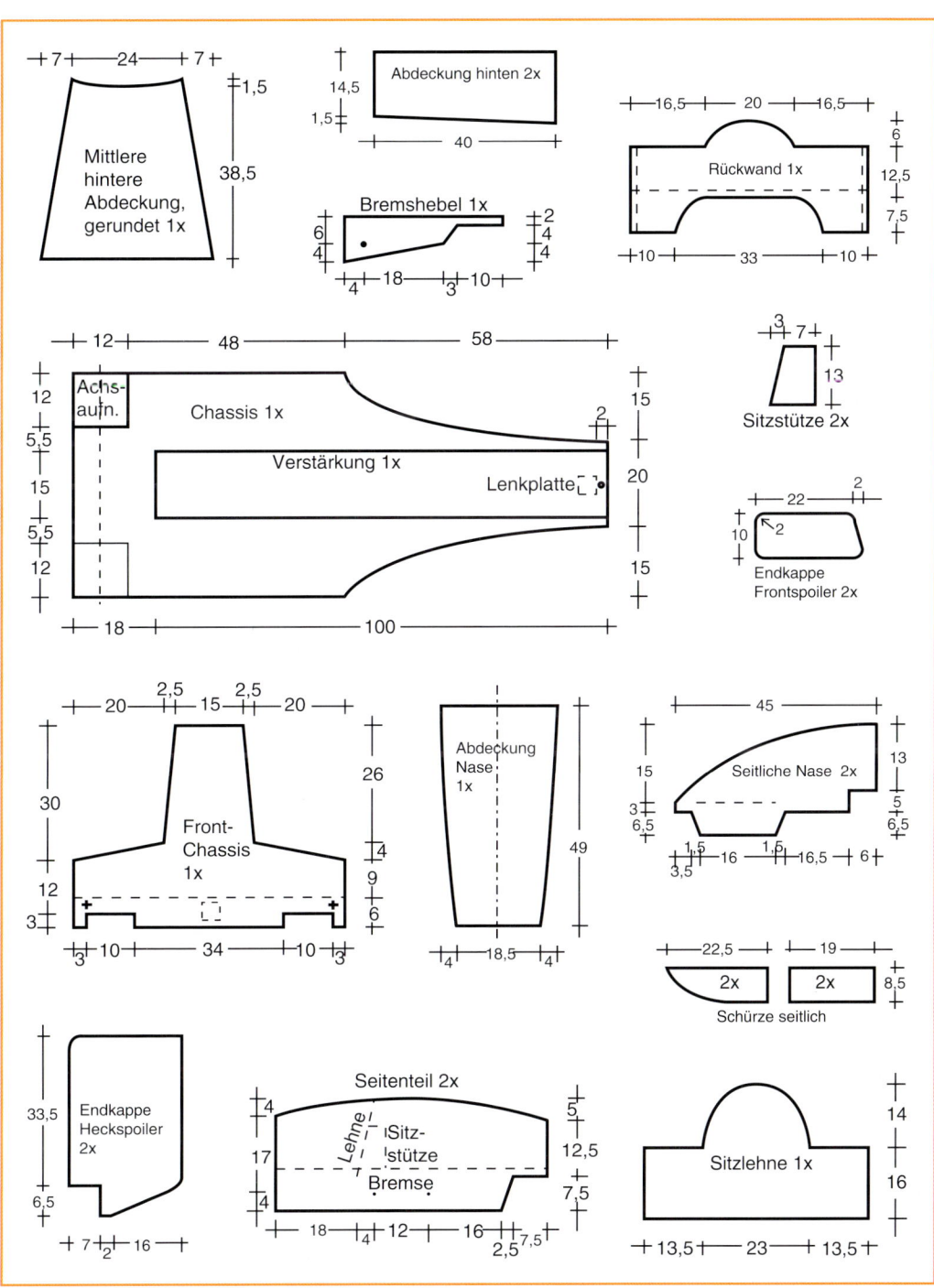

Die beiden Achsaufnahmen (→ Chassis-Zeichnung) schrauben Sie ebenfalls bündig an den hinteren Ecken auf.

Lenkplatte aufschrauben

Schrauben Sie die Lenkplatte mittig auf die Verstärkung des Chassis entsprechend der Zeichnung. Bohren Sie in die Mitte vor der Platte ein 12 mm großes Loch. Markieren Sie die Lage der Lenkplatte auf dem Frontchassis (→ Zeichnung), und legen Sie das Chassis darüber.

Nun werden hinteres Chassis und Frontchassis nach Angaben des Lenkplattenherstellers zusammengeschraubt.

Räder montieren

Stecken Sie die Räder mit den Montagesätzen auf die Achsen. Schrauben Sie die hintere Achse mit vier Achsbefestigungen unter die Achsaufnahmen (→ Foto unten), und klemmen Sie die Befestigungsringe seitlich neben dem Chassis um die Achse. Sie dienen als Abstandshalter.

Die Radachsen werden unter dem Chassis aufs Holz geschraubt.

Schrauben Sie die vordere Achse mit vier Achsbefestigungen unter die Lenkung (→ gestrichelte Linie in der Frontchassis-Zeichnung). Stellen Sie das Ganze auf die Räder.

Chassis hinten

Schrauben Sie beide Seitenteile von außen mit 50 mm langen Holzschrauben auf das Chassis (entlang der gestrichelten Linie auf der Seitenteil-Zeichnung), sodass die hintere Ecke der Radaussparung bündig mit der Unterseite und der hinteren Kante des Chassis ist. Auch hier unbedingt die Löcher mit einem dünneren Bohrer vorbohren.

Sitzlehne befestigen

Schrauben Sie die Sitzstützen beidseitig von innen mit 35 mm langen Schrauben an die Seitenteile. Sie schließen nicht bündig mit der Vorderkante der Seitenteile ab, sondern sind 16 mm zurückversetzt, sodass die Sitzlehne bündig zwischen die Seitenteile gesetzt werden kann. Stellen Sie diese an die Stützen, und fixieren Sie sie mit Schrauben in den Stützen und von außen durch die Seitenteile.

Rückwand anschrauben

Nun schrauben Sie die Rückwand an, die Oberkante liegt dabei in gleicher Höhe wie die hintere Oberkante der Seitenteile. Die waagrechte Linie auf der Rückwand-Zeichnung zeigt die Lage an, wo das Chassis auf die Rückwand trifft.

Hintere Abdeckung biegen

Biegen Sie die mittlere hintere Abdeckung über Wasserdampf zur Rundung. Bringen Sie dafür in einem weiten Topf Wasser zum Kochen, und halten Sie die Hartfaserplatte darüber. Am einfachsten ist es, wenn Sie

die vordere Rundung (also die der Sitzlehne) und hintere Rundung (die der Rückwand) aus einem Rest Spanplatte zuschneiden und einige Schrauben neben dem Herd
bereitlegen.

Schrauben Sie die Mitte der vorderen und
hinteren Kante der Hartfaserplatte auf die
Mitte der Rundungen beider Hilfsformen.
Biegen Sie zuerst die hintere Kante, und
schrauben Sie sie schrittweise auf der
Hilfsform fest. Nun biegen Sie über dem
Wasserdampf die vordere Rundung und
schrauben diese ebenso fest.

Nach dem Auskühlen der Hartfaserplatte
lösen Sie die Schrauben von den Hilfs-
formen und schrauben die gerundete
Abdeckung auf der Sitzrundung und der
Rückwand fest. Legen Sie die seitlichen
Abdeckungen daneben, und schrauben Sie
sie auf den Kanten der Seitenteile und der
Rückwand mit kleinen Schrauben fest.

Chassis vorne

Stellen Sie die beiden seitlichen Teile der
Nase auf das vordere Chassis, indem Sie
sie vorne entlang der leicht schrägen
Schnauze anlegen. Zeichnen Sie den Ver-
lauf der Schnauze an der Innenseite der
Seitenteile mit Bleistift nach (die gestri-
chelte Linie auf Zeichnung der seitlichen
Nase).

Bohren Sie in beiden Seitenteilen mit 1 cm
Abstand unterhalb der Linie Löcher für die
Schrauben vor. Überprüfen Sie durch noch-
maliges Aufstellen der Seitenteile, ob die
Löcher genau mittig über den seitlichen
Kanten des Frontchassis liegen. Befestigen
Sie die Seitenteile mit 50 mm langen
Schrauben am Frontchassis.

Legen Sie die Abdeckung der Nase auf die
Kanten der Seitenteile, und schrauben Sie
sie mit kleinen Schrauben fest.

Die Nase liegt mittig auf dem Frontflügel.

Frontspoiler zusammenbauen

Zeichnen Sie mittig auf die Endkappen die
Lage des Frontflügels auf, und kleben Sie
ihn mit Holzleim auf. Fixieren Sie ihn von
den Außenseiten der Endkappen aus zusätzlich mit jeweils zwei kleinen Holzschrauben, deren Löcher Sie unbedingt
vorbohren sollten.

Schrauben Sie den Frontspoiler mittig unter
die Kanten der Nase.

Heckspoiler zusammenbauen

Markieren Sie auf der Innenseite der Endkappen die Lage der Heckflügel, und kleben Sie diese mit Holzleim dazwischen.
Bohren Sie von außen Löcher für je zwei
Schrauben vor, und drehen Sie kleine
Schrauben von außen in die Heckflügel.
Setzen Sie den Heckspoiler auf die Rückwand und die hinteren Seitenteile auf, und
fixieren Sie ihn mit Schrauben.

Bremse montieren

Schrauben Sie den Bremshebel mittig auf
den Bremsklotz (→ Foto Seite 32). Bohren
Sie jeweils ein Loch für die Achse der Bremse und für die Auflage des Bremshebels in
ein Seitenteil; außerdem ein Loch in den
Bremshebel (→ Punkte auf der Seitenteil-
und Bremsen-Zeichnung).

Seifenkiste

Stecken Sie eine Gewindestange in die vordere Bohrung. Fixieren Sie sie innen und außen (jeweils mit Beilagscheiben) mit Kontermuttern, und drehen Sie auf das äußere Ende zwei Muttern auf. Das ist die Auflage für den Bremshebel.
Drehen Sie auf die zweite Gewindestange am Ende zwei Kontermuttern auf, schieben Sie eine Beilagscheibe darauf, und stecken Sie die Stange von außen durch den Bremshebel. Wieder eine Beilagscheibe aufschieben und mit zwei Kontermuttern so fixieren, dass sich der Hebel noch bewegen lässt. Drehen Sie eine weitere Mutter mit Beilagscheibe auf. Stecken Sie die Gewindestange durch das Seitenteil, legen Sie eine Beilagscheibe innen auf, und sichern Sie den Hebel mit zwei Kontermuttern. Zuletzt schieben Sie über das 10 cm lange Ende des Hebels ein 10 cm langes Alurohr.

Seitliche Schürzen
Jetzt fehlen noch die seitlichen Schürzen, die unter das Chassis geschraubt werden (→ Übersichtszeichnung Seite 27). Die Rundungen erhalten Sie, indem Sie die Teile über Wasserdampf biegen.

Die letzten Handgriffe
Drehen Sie neben die Fußaussparungen auf dem Frontchassis die Schraubhaken ein (→ Markierung auf Front-Chassis-Zeichnung). Knoten Sie daran das Lenkseil in der passenden Länge fest.
Nun bekleben Sie den Formel-1-Rennwagen wie auf dem Foto mit Werbe-Aufklebern. Sie können die Schriftzüge und Logos der Firmen auch aus Papier ausschneiden und mit Sprühkleber aufkleben. Überkleben Sie die Werbung – egal, ob Papier oder Aufkleber – zusätzlich mit wasserfester Transparentfolie.

Sie können den Frosch auch als »normalen« Springbrunnen ohne Kugeln betreiben. Sie liegen dann nur zur Dekoration in der Schale.

Froschkönig

Material
- ► Frosch aus Kunststoff, ca. 40 cm groß, innen hohl
- ► Für das Wasserspiel:
  - ► Wasserpumpe für Zimmerbrunnen
  - ► Kunststoffrohr mit Biegung, 45 mm Ø (→ Zeichnung)
  - ► Abdeckung für das Kunststoffrohr (→ Zeichnung)
  - ► Biegsamer Schlauch, 6 mm Ø, ca. 50 cm lang
  - ► Verjüngungsstück von der Pumpe auf 6 mm oder Adapter
- ► Krone
- ► Silikonkleber
- ► 12 Tischtennisbälle
- ► Goldfarbenes Autolackspray
- ► Zeitungspapier
- ► Wasserdichte Schale, mindestens 50 cm Ø
- ► Einige Steine

Die Zeichnung zeigt die Lage des Rohrs im Frosch.

Werkzeug
- ► Stichsäge
- ► Scharfes Messer
- ► Bohrmaschine
- ► Kartusche für Silikonkleber
- ► Lineal
- ► Dünner, wasserlöslicher Filzstift

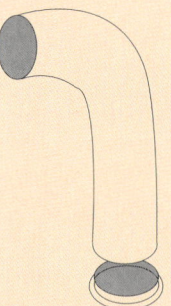

So sieht das Rohr mit Abdeckung aus.

Froschkönig

Im Inneren dieses geheimnisvollen Frosches verbirgt sich ein Rohr, das mit Tischtennisbällen gefüllt wird. Nur seine obere Öffnung ist unterhalb des Froschmauls zu sehen. Am unteren Ende des Rohrs ist eine Wasserpumpe angebracht. Das emporschießende Wasser schleudert die goldenen Kugeln aus dem Maul des Frosches.

So wird's gemacht

Halten Sie die runde Öffnung des Schlauches unter das Maul des Frosches, und zeichnen Sie den Umriss des Kreises mit Filzstift nach. Bohren Sie ein Loch innerhalb des Kreises, in das Sie die Stichsäge einsetzen können, und sägen Sie das Loch heraus. Achten Sie darauf, dass der Kunststoff des Frosches nicht bricht. Stecken Sie das Rohr von außen zur Probe in das Loch, um zu überprüfen, ob es genau passt. Wenn nicht, schneiden Sie einzelne Stellen mit dem Messer nach.

Öffnung für unteres Rohrende

Nun fehlt noch die untere Austrittsöffnung für das Rohr: Stellen Sie den Frosch auf, und halten Sie das Rohr, wie auf der Abbildung zu sehen, neben den Frosch. Die obere Rohröffnung liegt auf gleicher Höhe wie das soeben ausgesägte Loch. Markieren Sie die Lage des Rohrs auf der Seite des Frosches. Auf dieser Höhe wird auf der Unterseite des Frosches, genau in der Mitte, der Kreis für die Rohröffnung eingezeichnet. Sägen Sie es genauso wie das obere Loch aus.
Stecken Sie den Schlauch vom Boden aus ins Innere des Frosches, bis er unterm Maul wieder austritt. Schneiden Sie mit dem Messer das überstehende Rohrende bündig am Ausschnitt weg. Unten sollte das Rohr noch etwa 1 cm herausragen, sodass die Abdeckung aufgesteckt werden kann.

Verbindung zur Wasserpumpe

Bohren Sie in die Abdeckung des Rohres mittig ein Loch, das den gleichen oder einen etwas kleineren Durchmesser hat als der biegsame Schlauch. Stecken Sie den Schlauch hinein. Achten Sie darauf, dass er fest sitzt. Verschließen Sie das untere Rohrende mit dem Deckel, und stecken Sie den dünnen Schlauch mit einem Adapter oder Verjüngungsstück auf die Wasserpumpe.

Abschließende Arbeiten

Setzen Sie dem Frosch die Krone auf, und kleben Sie diese rundum mit Silikonkleber fest.
Legen Sie die Tischtennisbälle auf das Zeitungspapier, und spritzen Sie sie von allen Seiten mit dem goldenen Autolack. Lassen Sie die Farbe trocknen, drehen Sie die Bälle um, und spritzen Sie sie so oft, bis sie rundum vergoldet sind.
Stellen Sie den Frosch auf den Rand der Schale, und legen Sie unter die vorderen Füße Steine, sodass er waagrecht steht. Füllen Sie die Schale randvoll mit Wasser, und platzieren Sie die Pumpe unterhalb des Frosches im Wasser. Vor dem Frosch verteilen Sie ein paar Kugeln im Wasser.

Der Turm besteht aus einem simplen Ofenrohr, das Sie nur noch in den typischen Leuchtturmfarben anstreichen müssen.

Leuchtturm als Gartenlampe

Material

- Rauchrohr, 13 cm Ø, 50 cm lang
- Verchromter Abdeckring für Rauchrohre, Durchmesser verstellbar
- Deckel für Rauchrohr
- Lampenfassung mit Kabel, Schalter und Stecker für wasserfesten Außenbetrieb
- Glühbirne
- Frostfeste Fliese in Blau
- Fugenmörtel
- Vierkantholz, 1 x 1 cm, 1,6 m lang
- 4 Gläser, 5 x 14 cm
- Kupferblech, 25 x 25 cm
- Feines Schleifpapier
- Nitroverdünnung
- Alter Lappen
- Kreppklebeband
- Weißer, schwarzer und roter Kunstharzlack
- Silikonkleber
- Holzleim
- Papier
- Zierkies
- Steine in verschiedenen Größen
- Islandmoos

Werkzeug

- Metallsäge
- Handsäge
- Blechschere
- Haushaltsschere
- Gehrungslade
- Bohrmaschine
- Mörtelschale
- Pinsel
- Kartusche für Silikonkleber
- Schraubendreher
- Hammer
- Zollstock
- Blei- oder Filzstift

Nächtlichen Heimkehrern weist er den Weg, setzt einen fröhlich-bunten Akzent im Garten und wird auch fern der großen Ozeane Gefallen finden: Unseren Leuchtturm für den Garten gibt es wahlweise mit steter Lichtquelle oder mit Blinklicht.

So wird's gemacht

Im Prinzip ist unser Leuchtturm nichts anderes als ein Lampenständer, auf den oben eine Lampenfassung und ein Schirm montiert werden.

Der Turm bekommt einen Anstrich
Sägen Sie mit der Metallsäge an einem Ende des Rauchrohrs für das Lampenkabel ein kleines Dreieck heraus. Dieses Rohr ist nun unser Turm (mit der Kabelöffnung unten), der nur noch bemalt werden muss: Schleifen Sie die Oberfläche des Rohrs und der Abdeckung mit Schleifpapier an. Entfernen Sie den Schleifstaub mit Nitroverdünnung und einem alten Lappen. Kleben Sie mit Kreppklebeband zuerst die Konturen für die weißen Streifen auf dem Rauchrohr ab. Die Streifen sollten von unten nach oben immer schmaler werden. Tragen Sie die weiße Farbe auf, und lassen Sie sie gut trocknen. Streichen Sie auch die Oberfläche der Abdeckung weiß. Kleben Sie nun an die Kanten der alten Klebebänder neue Klebebänder, um die roten Streifen einzugrenzen. Ziehen Sie die alten Klebebänder ab, und tragen Sie die rote Farbe auf. Auch diese gut trocknen lassen und anschließend die Klebebänder abziehen. Nun können Sie mit schwarzer Farbe Tür und Fenster aufmalen, die auf der gegenüberliegenden Seite des Kabelausschnitts platziert sind.

Befestigung der Lichtanlage
Bohren Sie in den Deckel für das Rauchrohr mittig ein Loch. Stecken Sie das Kabel der Lampenfassung von oben durch dieses Loch. Da der Schalter am Kabel nicht durch das Loch passt, muss er vorher abgeschraubt werden. Kleben Sie auf dem Deckel die Lampenfassung mit Silikonkleber fest.
Legen Sie den verstellbaren Abdeckring um die Abdeckung, und fixieren Sie die Weite, sodass er fest darauf sitzt. Nun drücken Sie die Abdeckung auf das Rauchrohr. Führen Sie das Kabel im Inneren der Lampe locker nach unten: Das Kabel sollte im Inneren so viel Überlänge haben, dass Sie jederzeit die Abdeckung etwa 10 bis 15 Zentimeter anheben können. Ziehen Sie es an der Unterkante durch den dreieckigen Ausschnitt nach außen.

Standfläche modellieren
Die blaue Fliese (das Meer) dient als Fuß unserer Lampe. Rühren Sie eine Packung Fugenmörtel an; die Masse sollte zähflüssig sein. Streichen Sie sie etwa 2 cm dick auf die Fliese, sodass der Eindruck einer Landzunge entsteht. Drücken Sie das Rohr in den Fugenmörtel. Schieben Sie den Mörtel beim Kabel auseinander, um eine Aussparung zu erhalten. Schütten Sie als zusätzlichen Halt Fugenmörtel in das Innere

des Leuchtturms: Heben Sie dafür die Abdeckung mit der Fassung vorsichtig an. Streuen Sie feinen Zierkies auf den noch feuchten Mörtel, und drücken Sie für die Begrenzung kleine Steine um den Rand. Kleben Sie Islandmoos als Gras um den Leuchtturm.

Abdeckung aus Glas

Die Glasabdeckung besteht aus acht senkrecht stehenden Vierkanthölzern, die oben von einem achteckigen Holzrahmen begrenzt werden. In vier der acht Zwischenräume werden Glasscheiben eingesetzt (→ Abbildung unten links). Zuletzt wird das Dach aus Kupferblech ausgesetzt.

Achteckiger Rahmen

Sägen Sie acht Vierkanthölzer mit 55 mm Länge, deren Enden beidseitig im 45-Grad-Winkel in der Gehrungslade abgeschrägt werden. Legen Sie die Hölzer an den Gehrungskanten zusammen: Es muss ein gleichseitiges Achteck ergeben. Nun trop-

fen Sie etwas Holzleim auf die Gehrungen und kleben das Achteck zusammen. Am besten geht das, wenn Sie das Achteck beschweren und dann vorsichtig eine Paketschnur um das Achteck legen und verknoten. Durch den Druck von oben kann das Achteck nicht verrutschen, die Paketschnur drückt die Gehrungen zusammen. Nach dem Trocknen des Leims die Schnur und das Gewicht entfernen.

Senkrechte Stützen

Sägen Sie für die senkrechten Stützen acht Vierkanthölzer in 14 cm Länge zu. Schleifen Sie die Kanten. Tragen Sie nun auf die Seiten von je zwei Hölzern Silikonkleber auf, und kleben Sie diese an die Seiten eines Glases. Halten Sie die Hölzer solange fest, bis der Kleber getrocknet ist.
Tragen Sie nun auf der Unterseite des Achtecks an einer Holzleiste Silikonkleber auf, und stellen Sie ein Glas senkrecht darauf. Die senkrechten Hölzer sollten dabei genau unter den Ecken des Achtecks liegen. Auch

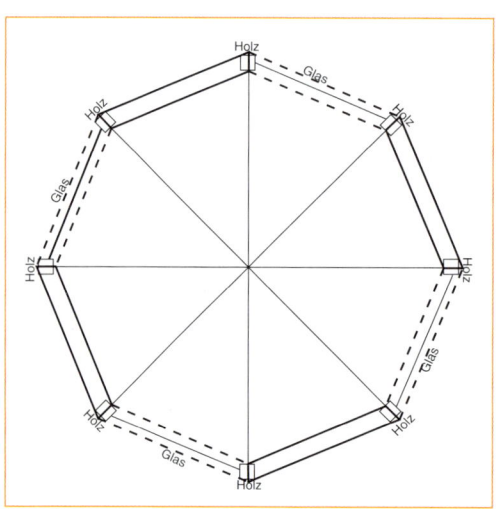

Die Glasscheiben werden am Holzrahmen befestigt.

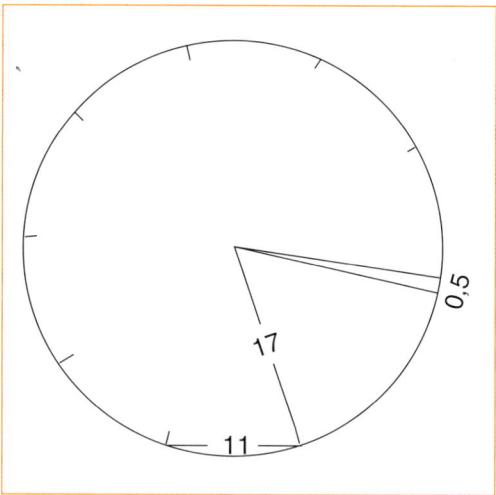

Nach dieser Vorlage wird das Dach zugeschnitten.

hier das Glas solange halten, bis der Kleber getrocknet ist. Kleben Sie auf diese Weise auch die anderen drei Glasscheiben auf den achteckigen Rahmen.

Das Dach der Glasabdeckung

Fertigen Sie einen Papierschnitt nach der Zeichnung auf Seite 38 an. Das »Tortenstück« unten rechts wird ausgeschnitten und der Rest des Kreises in gleich große Achtel aufgeteilt. An der Stelle, wo 0,5 steht, soll das Blech später wieder zusammengeklebt werden.
Übertragen Sie die Vorlage mit Filzstift auf das Blech, und schneiden Sie den Kreis und den Einschnitt aus. Biegen Sie das Dach an den Stellen, wo die Einteilung in Achtel vorgenommen wurde, indem Sie sie über eine Kante der Arbeitsplatte legen und das Blech mit einem Holzrest, der die Länge der Biegekante hat, nach unten drücken. Sind alle Kanten gebogen, kleben Sie das Dach an der 0,5 cm breiten Stelle mit Silikonkleber zusammen. Fixieren Sie es auf dem Holzrahmen mit Silikonkleber. Schrauben Sie eine Glühbirne in die Fassung. Das Kabel muss nun wieder am Schalter befestigt werden: Zur Sicherheit sollten Sie dies unbedingt von einem Fachmann ausführen lassen.

Alternative

Anstelle einer stetig brennenden Glühbirne können Sie den Leuchtturm mit einem Blinklicht ausstatten. Die Verkabelung entfällt. Sie benötigen stattdessen ein Blinklicht mit Batterie, das Sie im Fahrradgeschäft erhalten. Das stellen Sie ganz einfach unter das Dach des Leuchtturms.

Das Blau der Fliese stellt das Meer da, aus dem der Fels mit Leuchtturm ragt.

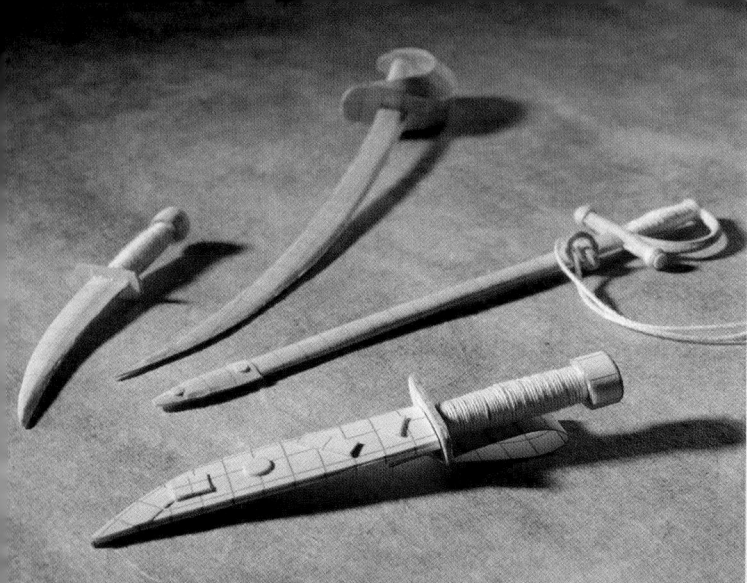

Gleich vier Modelle können hier nachgearbeitet werden – von links nach rechts: Sarazenendolch, Degen, Florett und Indianermesser.

Messer aus Papier

Material

- **Mehrere Blatt kariertes Papier, DIN A4**
- **Uhu (mit anderen Klebern funktioniert diese Technik nicht)**
- **Weißer Sternzwirn**
- **Dünne Baumwollschnur**

Werkzeug

- **Scharfe Papierschere mit Spitze**
- **Skalpell**
- **Cutter**
- **Schneideunterlage**
- **Lochzange (falls vorhanden)**
- **Spitze Pinzette**
- **Lineal**
- **Bleistift**

Zum Ausprobieren

Der Erfinder dieser Technik, Oliver Stoll, baut auf diese Weise seit 30 Jahren alle Arten von Schiffsmodellen, Eisenbahnen, Elektroloks, Kanonen etc., die auch mit beweglichen Elementen ausgestattet sind: z.B. mit Gelenken, Stromabnehmern usw. Hier ein paar einfache Messer als Einstieg. Sie können diese Technik beliebig weiter ausbauen.

Messer aus Papier

Die Klingen dieser Messer sind hart und dabei elastisch wie Metall. Kaum zu glauben, dass sie lediglich aus kariertem Papier bestehen, das in mehreren Schichten aufeinander geklebt wurde. Und trotz ihrer winzigen Größe weisen sie eine erstaunliche Fülle von Details auf.

So wird's gemacht

Bevor Sie loslegen können, müssen Sie zunächst 4-lagiges Papier – das Ausgangsmaterial aller Modelle – herstellen.

Vorbereitung der Papierbögen

Falten Sie einen Bogen kariertes Papier quer zur Hälfte und noch ein zweites Mal in der Mitte. Streichen Sie die Kanten mit dem Fingernagel glatt. Nun falten Sie das Papier ganz auseinander und bestreichen eine Hälfte flächendeckend mit Uhu. Je dichter die Klebespuren sind, umso fester wird das Material. Benötigen Sie ein biegsames Material, lassen Sie etwas Luft dazwischen.

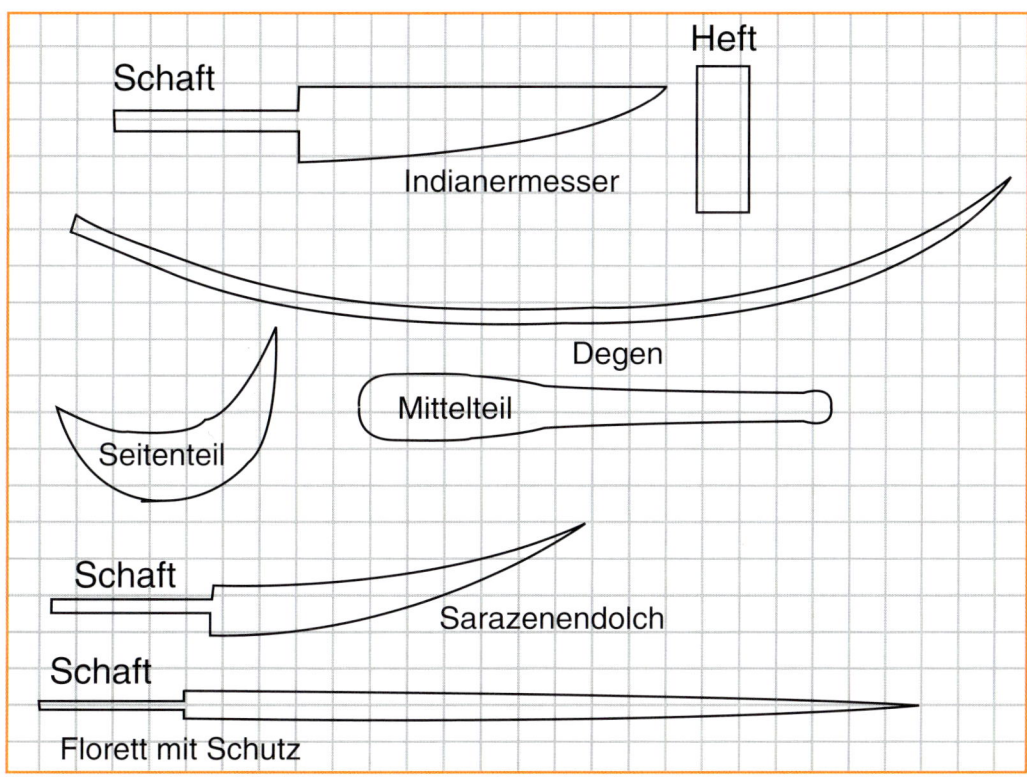

Die Umrisse werden 1:1 auf kariertes Papier übertragen und ausgeschnitten.

Messer aus Papier

Nun legen Sie das Papier zur Hälfte aufeinander, streichen mit den Händen die Luftblasen aus den Papierlagen und drücken die Lagen dabei gut aufeinander. Bestreichen Sie die restliche Hälfte bis zum Bruch mit Uhu, und kleben Sie beide Hälften wie zuvor beschrieben zusammen. Dieses 4-lagige Papier ist die Ausgangsbasis aller Dolche und Degen. Legen Sie einen kleinen Vorrat davon an.

Indianermesser

Dieses schicke Messer besteht aus vier Einzelteilen: der Schneide mit Schaft, dem Heft (das Teil zwischen Klinge und Schaft), dem ablösbaren Griff und der Messertasche mit Gürtelschlaufe.

Schneide mit Schaft

Zeichnen Sie mit einem Bleistift auf das 4-lagige Papier die Schneide mit dem Schaft. Sie benötigen dazu kein Lineal, Sie brauchen nur die Kästchen abzuzählen. Markieren Sie zuerst die abgezählten Endpunkte, und verbinden Sie diese dann mit geschwungenen Linien bzw. mit Geraden. Schneiden Sie das Messer mit dem Schaft aus.

Zeichnen Sie noch zweimal Messer und Schaft auf 4-lagiges Papier, verschmälern Sie dabei aber die gebogene Schneide um 1,5 mm. Schneiden Sie beide Teile mit der Schere aus, und kleben Sie sie beidseitig auf den größeren Zuschnitt. Die Messerrücken und der Schaft liegen dabei deckungsgleich aufeinander. Drücken Sie die Teile fest. Klebefuseln rollen Sie mit den Fingern ab.

Nun falten Sie einen ca. 6 x 3 cm großen Streifen des 4-lagigen Papiers entlang einer Kästchenmarkierung der Länge nach. Bestreichen Sie die Klinge beidseitig mit Kleber, und legen Sie den gefalteten Streifen darüber. Drücken Sie ihn fest an die Klinge,

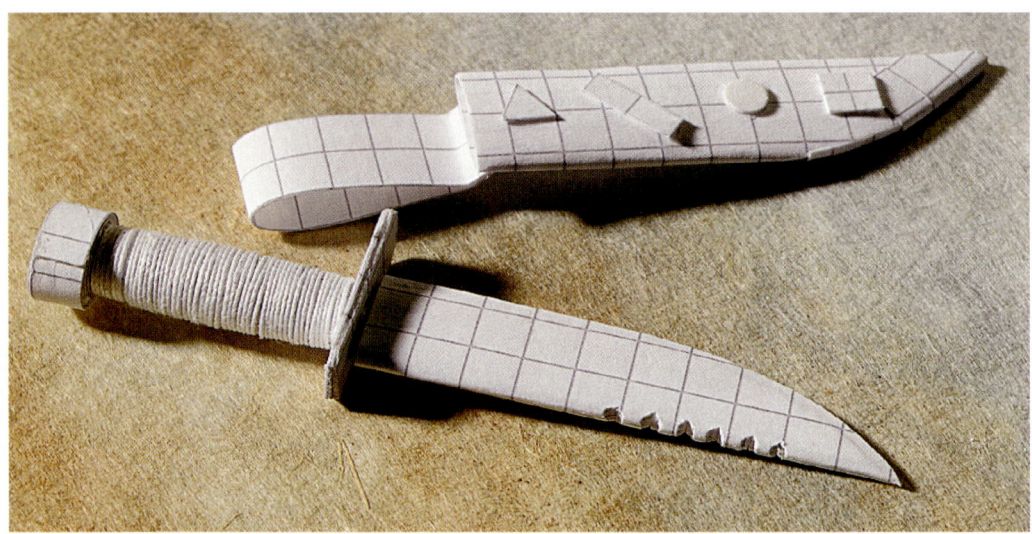

Der Griff des Indianermessers wie auch aller anderen Modelle wird mit weißem Sternzwirn umwickelt.

Messer aus Papier

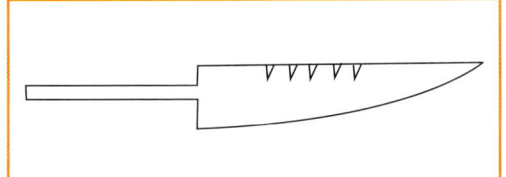

*Die Zacken werden gleichmäßig aus-
geschnitten.*

und streifen Sie den Kleber nach unten aus.
Halten Sie die Klinge gegen das Licht, und
schneiden Sie das überstehende Papier
über der Schneide weg.
Nun schneiden Sie mit dem Cutter aus
der oberen Messerkante die Sägezacken
ca. 1 mm tief und breit heraus (→ Abbildung
oben).

Heft aufstecken

Schneiden Sie jetzt aus dem 4-lagigen
Papier das Heft zweimal zu. Kleben Sie
beide Teile aufeinander, und schneiden Sie
die Ecken schräg ab. Damit das Heft auf
den Schaft gesteckt werden kann, muss es
in der Mitte mit einem Schlitz in der Breite
und Dicke des Schafts versehen werden.
Zeichnen Sie den Schlitz mit Bleistift auf,
und schneiden Sie ihn mit einem Cutter
heraus. Am besten geht das, wenn Sie das
Heft auf die Schneideunterlage legen und
mit der Spitze des Cutters das Loch für das
Heft herausschneiden.
Schieben Sie das Heft auf den Schaft. Den
Ausschnitt nicht wegwerfen, er wird noch
gebraucht!

Griff formen

Nun schneiden Sie aus einfachem Papier
entlang einer Längskante einen 3 cm breiten Streifen. Wickeln Sie ihn um den Schaft,
und streichen Sie erst nach der zweiten
Wicklung das Papier mit Kleber ein: So

lässt sich der Griff vom Schaft lösen.
Wickeln Sie noch zweimal – immer mit
Klebstoff – Papier darum.
Dann schneiden Sie das Papier senkrecht
und 0,5 cm breit am Ende des Griffes ein
(→ Abbildung unten); das übrige Papier
schneiden Sie, damit in der Mitte eine
leichte Wölbung entsteht, zu einem Dreieck. Streichen Sie beide Streifen mit Kleber
ein, und wickeln Sie sie fest um den Griff.
Für die Verdickung am Griffende schneiden
Sie noch einen 0,5 cm breiten Streifen und
wickeln auch diesen auf.
Streichen Sie den restlichen Griff mit Kleber
ein, und umwickeln Sie ihn dicht an dicht
mit dem Sternzwirn. Schieben Sie den Griff
auf den Schaft. In das Loch am Ende der
Griffverstärkung kleben Sie den kleinen
Ausschnitt aus dem Heft und geben viel
Uhu auf das ganze Griffende, das wirkt wie
eine Versiegelung.

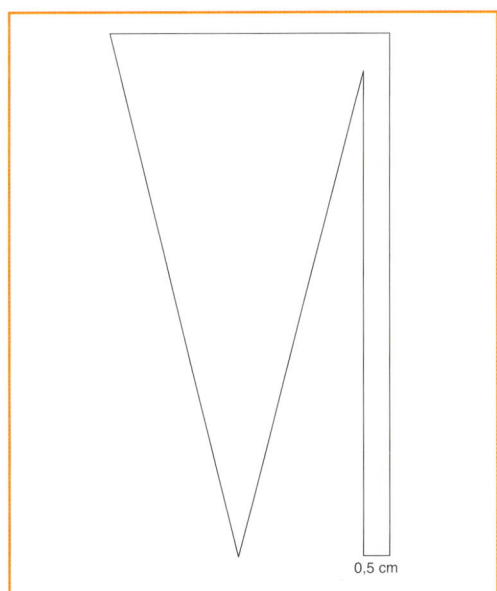

0,5 cm

*So wird das Papier für den Griff zuge-
schnitten.*

Messer aus Papier

Eine Tasche fürs Messer

Für die Messertasche wickeln Sie einen 4-lagigen Papierstreifen, der etwas länger als die Schneide ist, etwa sechsmal um das Messer. Erst ab der zweiten Wicklung kleben Sie das Papier aufeinander.

Um die vordere Rundung zu erhalten, fahren Sie mit dem Fingernagel entlang der Messerkante die Rundung nach. Schneiden Sie die Tasche entlang der Rundung aus, und drücken Sie das Papier fest zusammen. Bevor der Kleber vollständig trocken ist, kleben Sie einen 1 mm breiten Papierstreifen auf die Schnittkante.

Zur Verstärkung der Spitze schneiden Sie ein Rechteck (1,5 x 2 cm) aus. Damit es sich besser der Biegung anpasst, schneiden Sie es auf zwei gegenüberliegenden Seiten noch gut 0,5 cm tief ein (→ Abbildung unten). Kleben Sie es dann über die Run-

dung der Spitze, und schneiden Sie das überstehende Papier ab.

Als Zierde knipsen Sie mit der Lochzange aus 4-lagigem Papier einen kleinen Kreis aus. Schneiden Sie auch mit der Schere ein Rechteck, ein Quadrat und ein Dreieck aus, und kleben Sie alle vier Teile auf eine Seite der Tasche.

Für den Gürtelhalter kleben Sie einen 4 cm langen und 1 cm breiten 4-lagigen Streifen unter die Öffnung der Tasche.

Sarazenendolch

Zeichnen Sie die Form des Dolches mit dem Schaft auf 4-lagiges Papier, und schneiden Sie ihn aus. Auch hier können Sie die Form durch Abzählen der Kästchen auf der Vorlage übertragen.

Zeichnen Sie die gleiche Form – durch Umranden des bereits ausgeschnittenen Teils – noch zweimal auf; verschmälern Sie aber beide gebogenen Klingenseiten um 1 mm. Schneiden Sie beide Teile aus, und kleben Sie sie beidseitig mittig auf die etwas größere Form.

Klinge verstärken

Falten Sie einen etwa 4 x 6 cm großen Streifen aus 4-lagigem Papier längs in der Mitte. Bestreichen Sie die Klinge beidseitig mit Kleber. Legen Sie den Streifen um die Klinge, und drücken Sie das Papier beidseitig fest an. Fahren Sie mit den Fingernägeln entlang der Kanten, und drücken Sie so die Klingenform in das Papier.

Schneiden Sie das überstehende Papier mit dem Cutter oder einer Schere weg, und pressen Sie das Papier an den Schnittkanten fest an. Streifen Sie alle Kleberfuseln weg.

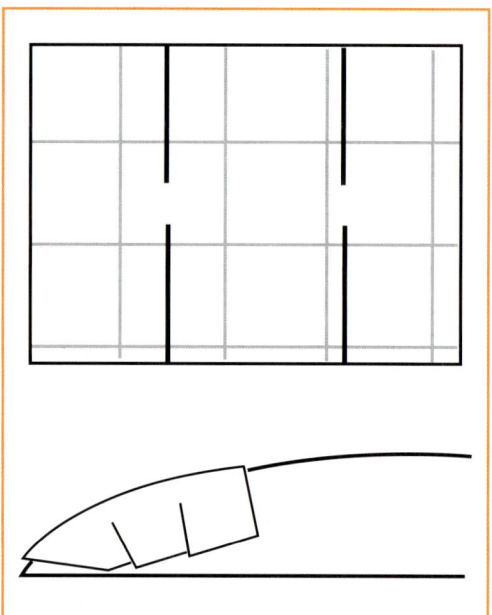

Die Spitze der Messertasche erhält zur Verstärkung einen zusätzlichen Papierstreifen.

Messer aus Papier

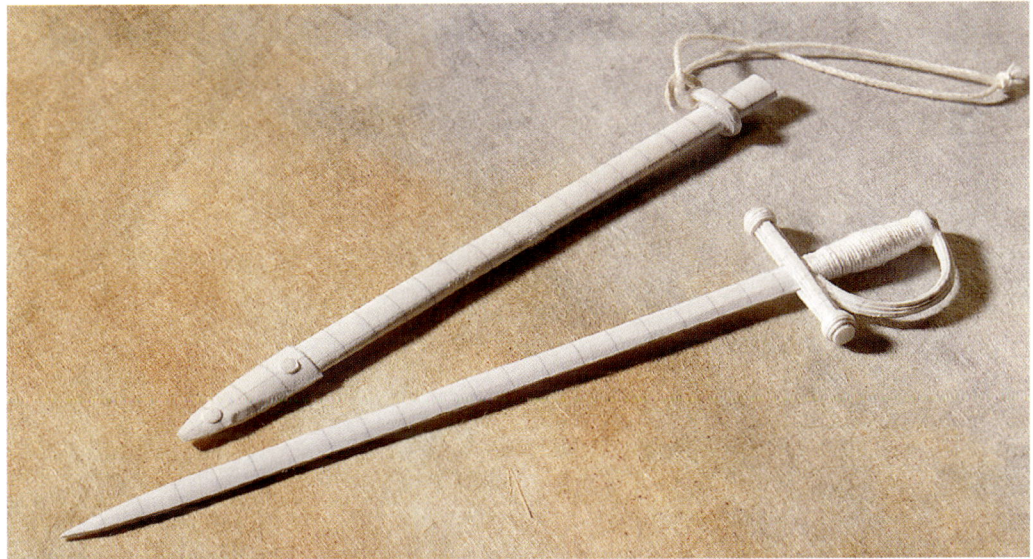

Zum Schutz des Floretts wird noch eine Tasche hergestellt, die perfekt auf die feine Klinge passt.

Heft und Griff

Schneiden Sie wie beim Indianermesser das Heft aus. In die Mitte kommt der Ausschnitt für den Schaft. Schieben Sie das Heft auf den Schaft.

Formen Sie nun den Griff wie beim Indianermesser beschrieben: ein dreieckiger Streifen Papier für die Wölbung (→ Abbildung Seite 43 unten), ein 5 mm breiter Streifen für das verdickte Ende des Griffs und eine enge Umwicklung mit Sterngarn. Der einzige Unterschied: Diesmal wird der Griff fest auf den Schaft geklebt.

Das Loch am Griffende verdecken Sie mit einem kleinen aufgeklebten Kreis aus 4-lagigem Papier.

Florett mit Schutz

Die Florettform übertragen Sie von der Vorlage durch Abzählen auf das 4-lagige Pa-

pier. Formen Sie die Schneide mit zwei weiteren Lagen Papier wie beim Messer und Dolch beschrieben.

Heft formen

Für das rund geformte Heft brauchen Sie siebenmal einen 27 mm langen Streifen aus 4-lagigem Papier in folgenden Breiten: einmal 4 mm, zweimal 3 mm, zweimal 2 mm und zweimal 1 mm. Daraus formen Sie einen Rundstab mit einem Schlitz in der Mitte (→ Abbildung unten), durch den später

Die sieben Papierlagen des runden Hefts: von der Seite (oben) und von vorne (unten) betrachtet.

der Schaft gesteckt wird: Kleben Sie auf einen 3-mm-Streifen mittig einen 2-mm-Streifen und darauf wiederum mittig den 1-mm-Streifen. Wiederholen Sie dies mit den anderen drei Streifen dieser Größe. Auf die Unterseite eines 3-mm-Streifens kleben Sie links und rechts ein Stück vom 4-mm-Streifen. Dazwischen bleibt eine Aussparung in Schaftbreite: der Schlitz für den Schaft.

*Für die Heft-
knäufe und
den Griff
schneiden Sie
ein Dreieck
aus.*

Vollenden Sie den Rundstab, indem Sie die eine Hälfte auf die andere Hälfte des Stabs kleben.

Umwickeln Sie beide Enden des Hefts mit jeweils einem Streifen, der etwa 15 cm lang und an einem Ende 2 mm breit ist; das andere Ende läuft zu einem Dreieck spitz zu (→ Abbildung oben). So erhalten sie zwei Knäufe mit einer schönen Rundung. Drücken Sie diese Wicklungen gut fest. Auf die beiden Enden des Rundstabs kleben Sie – um die Wicklung der Knäufe zu verdecken – zwei Kreise, die Sie mit der Lochzange oder der Schere ausschneiden.

Griff formen

Stecken Sie den Schaft durch den Schlitz des Hefts. Den Schaft umwickeln Sie mit einem 2 cm breiten und 10 bis 15 cm langen Streifen, der zum Ende hin spitz zugeschnitten ist und somit ein Dreieck bildet (→ Abbildung oben). So entsteht in der Mitte eine Verdickung.

Tragen Sie Kleber auf den Griff auf, und wickeln Sie dicht an dicht den Sternzwirn um den Griff. Die Verdickung am Ende um-

wickeln Sie mit dem gleichen Streifen wie die Knäufe am Heft.

Für den runden Griff schneiden Sie wie für das Heft Streifen von 4 bis 1 mm Breite, jeweils 3 cm lang, und kleben diese zu einem Rundstab. Formen Sie ihn zu einem Halbkreis, so lange der Kleber noch nicht trocken ist. Kleben Sie ihn anschließend am Heft und am Griffende an der Verdickung auf.

Eine Tasche fürs Florett: der Florettschutz

Den Schutz des Floretts erstellen Sie wie beim Indianermesser; die Spitze wird hier jedoch symmetrisch zugeschnitten und folgendermaßen verstärkt: Zeichnen Sie die Spitze (2 cm lang) auf 4-lagiges Papier zweimal auf, und geben Sie beidseitig etwa 1,5 mm dazu. Schneiden Sie die zwei Verstärkungen aus, und kleben Sie sie auf die Spitze des Schutzes. Verzieren Sie sie zusätzlich beidseitig mit zwei kleinen Kreisen, die Sie mit der Lochzange oder Schere ausschneiden.

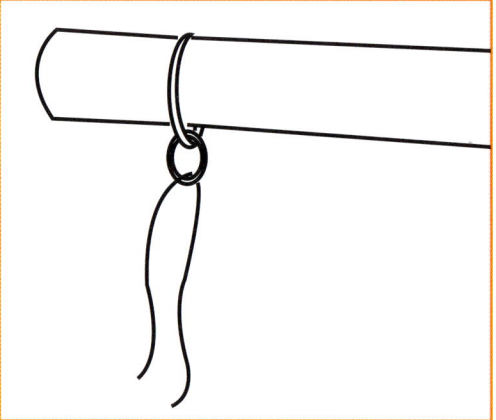

*Die Aufhängung besteht aus zwei Ringen:
Der größere wird um den Schutz gewickelt,
am kleineren ist die Schnur befestigt.*

Messer aus Papier

Jetzt fehlt noch die Aufhängung: Schneiden Sie mit der Lochzange (wer keine hat, schneidet alles mit Cutter oder Schere aus) in 4-lagiges Papier drei Löcher mit 4 mm Durchmesser für den inneren Ausschnitt des Ringes. Nun stanzen Sie die äußeren Durchmesser mit 7 mm mittig über den inneren aus: So erhalten Sie drei Ringe. Kleben Sie diese aufeinander. Für die Befestigung am Schutz schneiden Sie einen 1,5 mm breiten Streifen, den Sie zuerst mehrmals nur um den Schutz wickeln und dabei festkleben. Dann legen Sie daneben den Ring – zusammen mit einem Streichholz als Abstandshalter. Stecken Sie den 1,5 mm breiten Streifen bei den nun folgenden Wicklungen durch den Ring. Nehmen Sie immer wieder überschüssigen Kleber weg, solange er noch feucht ist. Achten Sie darauf, dass der Ring beweglich bleibt. Kleben Sie um den Ring eine Baumwollschnur.

Degen

Arbeiten Sie die Klinge und den Schaft wie beim Indianermesser.
Das Heft besteht aus einem Mittelteil und zwei Seitenteilen. Übertragen Sie durch Abzählen der Kästchen die zwei Seitenteile und das Mittelteil auf 4-lagiges Papier. Schneiden Sie die Teile aus, und schneiden Sie den Schlitz für den Schaft in das Mittelteil.
Schieben Sie das Mittelteil auf den Schaft. Dann umwickeln Sie Letzteren mit einem 2,5 cm breiten Papierstreifen, anschließend ganz dicht mit Sternzwirn. Nun kleben Sie das Mittelteil so auf das Ende des Griffes, dass es 5 mm über den Griff hinausschaut. Kleben Sie die beiden Seitenteile auf Stoß

Das Besondere an diesem Degen ist der rund geformte, elegante Griff.

entlang der Kanten des Mittelteils an. Beginnen Sie 5 mm vom Ende des Mittelteils entfernt, und endigen Sie 5 mm vor dessen anderem Ende.
Nehmen Sie den überschüssigen Kleber entlang der Kanten mit den Fingern weg, solange er noch feucht ist.

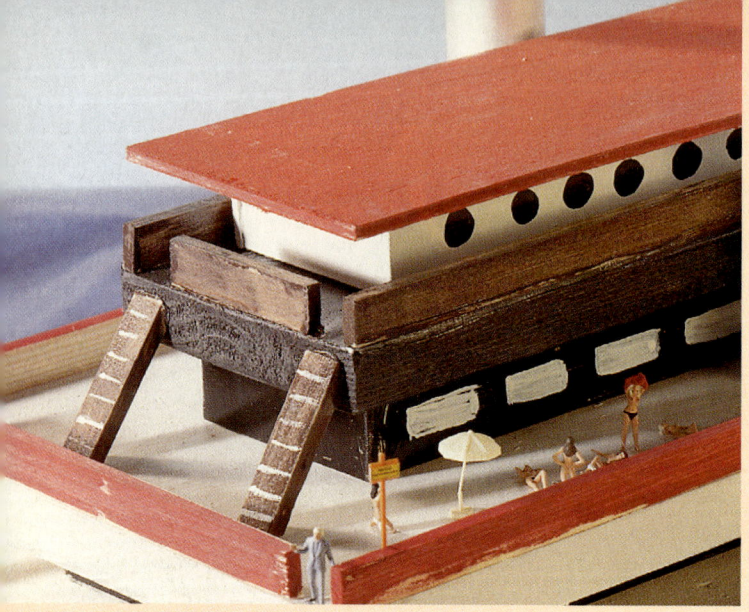

Kleine Figuren aus dem Modellbau machen die Urlaubs-Szenerie perfekt.

Mississippi-Dampfer

Material
- 2 cm starkes Fichtenleimholz:
  - 60 x 30 cm (Bodenplatte 1)
  - 70 x 30 cm (Bodenplatte 2)
  - 50 x 20 cm (Bodenplatte 3)
  - 36 x 20 cm (Bodenplatte 4)
- 0,5 cm starkes Sperrholz:
  - 4 cm breite Leisten, insgesamt 154 cm lang (Schiffsrumpf)
  - 5 cm breite Leisten, 60 cm lang (Schiffsrumpf)
  - 3,5 cm breite Leisten, insgesamt 260 cm lang (Kajüten 1–4)
  - 7 cm breite Leisten, insgesamt 50 cm lang (Kajüte 5)
  - 10 cm breite Leisten, insgesamt 50 cm lang (Dach 1 und 2)
  - 1,3 cm breite Leisten, insgesamt 450 cm lang (umlaufende Reling)
  - 12 x 12 cm, viermal (Schaufelräder)
  - 3,5 x 6 cm, 16-mal (Schaufeln)
- Rundholz, 7 mm Ø, 36,5 cm lang
- Fichtenholzscheibe, 3 cm Ø
- Gummiring, ca. 6 cm lang
- Elektromotor für 12V-Batterien
- Schmaler Lochblechstreifen, etwas länger als Umfang des Motors
- 2 Holzschrauben, die durch Löcher des Lochblechs passen
- Batterie
- Kabel
- Reste von Vierkanthölzern
- Alurohr, 3 cm Ø, 40 cm lang
- Ausstattung des Dampfers: Liegestühle, Bänke, Sonnenschirme, Rettungsringe und dünne Kordeln
- Weiße, rote, braune und schwarze Acrylfarbe
- Mittleres und feines Schleifpapier
- Holzleim
- Holzstifte

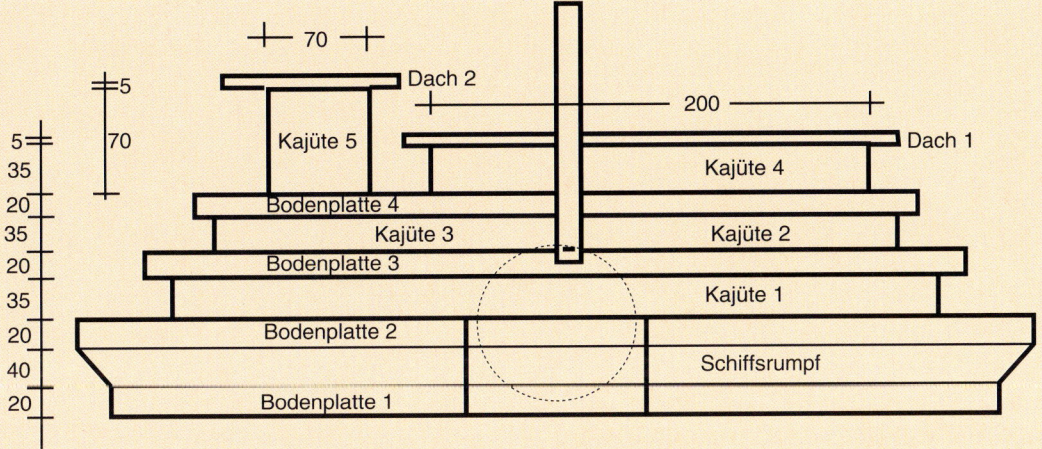

| 70 |

5

5   70

5
35
20
35
20
35
20
40
20

Dach 2

Kajüte 5

Bodenplatte 4

Kajüte 3

Bodenplatte 3

Bodenplatte 2

Bodenplatte 1

200

Dach 1

Kajüte 4

Kajüte 2

Kajüte 1

Schiffsrumpf

Diese Übersichtszeichnung zeigt die Reihenfolge der Aufbauten.

Werkzeug

- ► **Stichsäge**
- ► **Metallsäge**
- ► **Bohrmaschine**
- ► **Sägebohrer mit 5 und 3 cm Ø**
- ► **Fräse oder Rundfeile**
- ► **Schraubzwingen**
- ► **Schleifklotz oder Bandschleifer**
- ► **Schraubendreher**
- ► **Hammer**
- ► **Pinsel**
- ► **Zollstock**
- ► **Zirkel**
- ► **Geodreieck**
- ► **Bleistift**

Die Schaufelräder sind durch eine quer laufende Achse verbunden.

Mississippi-Dampfer

Noch immer gehört eine Fahrt auf einem der legendären Schaufelraddampfer für viele USA-Besucher zu den größten Erlebnissen ihrer Reise. Hier ein elektrisch betriebenes Modell für den heimatlichen Weiher.

So wird's gemacht

Unser Dampfer gleicht einem Sandwich: Zwischen vier Bodenplatten kommen 5 mm starke Sperrholzleisten, die Schicht für Schicht zugesägt und auf die Platten geleimt werden. An den Seiten des Dampfers werden die Schaufelräder und Schornsteine montiert. Die Räder werden nicht durch Dampf, sondern einen kleinen Motor angetrieben.

Leisten für den Schiffsrumpf zusägen
Sägen Sie für den Schiffsrumpf, der zwischen die zweite und erste Bodenplatte kommt, die 4 cm breiten Sperrholz-Leisten

folgendermaßen zu: vier 28 cm lange Leisten für die Seiten neben den Schaufelrädern, vier 4 cm lange und zwei 13 cm lange für die Aussparung der Schaufelräder. Aus dem 5 cm breiten Sperrholz sägen Sie anschließend noch zwei 30 cm lange Leisten für die Querseiten ab. Die Enden der 28 cm langen Streifen schrägen Sie ab, indem Sie an der Unterkante 23 cm antragen, diesen Punkt mit der darüber liegenden Ecke verbinden und die Leiste entlang dieser Linie durchsägen. Schleifen Sie die Sägekanten aller Bretter mit dem feinen Schleifpapier.

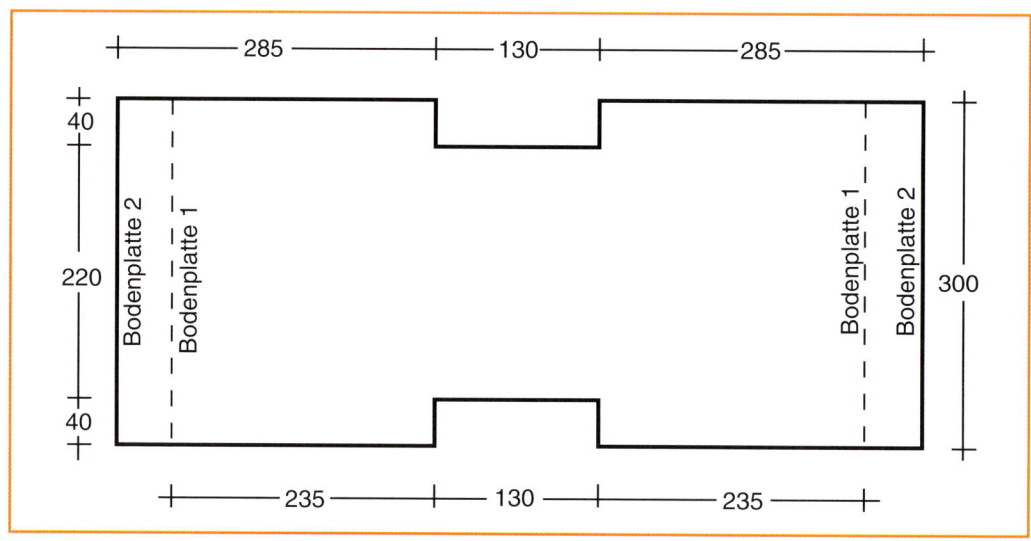

Nach dieser Zeichnung werden Bodenplatte 1 und 2 zugesägt.

Bodenplatten 1 und 2 zusägen

Legen Sie die Bodenplatte 1 mittig auf die Bodenplatte 2, und zeichnen Sie auf Platte 1 beidseitig die Aussparungen für die Schaufelräder mit 13 x 4 cm an. Pressen Sie beide Platten mit Schraubzwingen aufeinander, und sägen Sie die Aussparungen für die Räder aus. Auch hier die Kanten glatt schleifen.

Nehmen Sie die Bodenplatte 2, und zeichnen Sie die Mitte an. Von dem Mittelpunkt aus ziehen Sie beidseitig zu der Mitte der Schaufelradaussparungen Linien. Genau im zuvor markierten Mittelpunkt der Platte bohren Sie mit dem Sägebohrer ein Loch mit 5 cm Durchmesser. Entlang der Linien fräsen Sie eine 5 mm tiefe Nut für die Achse der Schaufelräder. Haben Sie keine Fräse, können Sie die Nut auch mit einer Rundfeile feilen.

Aufleimen des Schiffsrumpfes

Bestreichen Sie die Ränder der Bodenplatte 2 mit Holzleim, und setzen Sie in folgender Reihenfolge die Rumpfseiten darauf: Zuerst die 13 cm langen Leisten auf die Innenseiten der Schaufelradaussparungen, daran leimen Sie die 4 cm langen Leisten. Nun folgen die 28 cm langen Leisten, und abschließend kleben Sie die Querseiten auf. Sie werden vorher an den oberen und unteren Längskanten entsprechend abgeschliffen, damit sie bündig mit der Platte darüber und darunter abschließen (→ Abbildung oben).

Hat der Leim leicht angezogen, tragen Sie auf alle oberen Kanten der Rumpfleisten Kleber auf und legen vorsichtig die Bodenplatte 1 darauf. Achten Sie darauf, dass die Leisten sich nicht verschieben. Durch den Druck der schweren Platte werden die Leisten gleichzeitig beim Trocknen angedrückt:

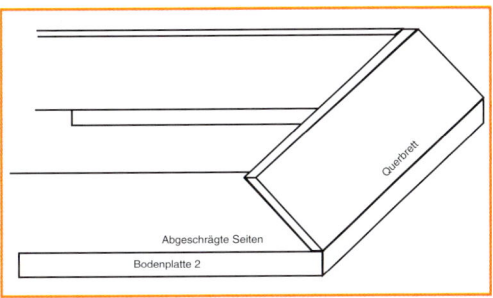

So werden die Querbretter an die Längsleisten geleimt.

Am besten legen Sie noch zusätzlich eine Beschwerung auf die obere Platte.

Die Querseiten des Rumpfes können Sie zusätzlich mit einigen Holznägeln in der Bodenplatte 2 fixieren.

Ist der Kleber vollständig getrocknet, schleifen Sie alle Außenkanten und -flächen zuerst mit mittlerem, dann mit feinem Schleifpapier glatt. Anschließend streichen Sie das Ganze zweimal mit weißer Acrylfarbe. Zwischen den Anstrichen nach dem Trocknen wird die Oberfläche noch einmal leicht mit feinem Schleifpapier geglättet.

Reling auf Bodenplatte 2

Sägen Sie für die umlaufende Reling die 1,3 cm breiten Leisten in der Länge wie die Rumpfseiten. Eine Ausnahme bilden die beiden 13 cm langen Schaufelradaussparungen. Statt dieser müssen Sie vier Leisten mit 6 cm Länge sägen: Zwischen zwei 6 cm lange Leisten bleibt ein Spalt von 1 cm, durch den die Achse für die Schaufelräder läuft. Streichen Sie die Teile schwarz an, und kleben Sie sie auf die Bodenplatte.

Kajüte 1 zusägen und zusammenbauen

Für die unterste Kajüte sägen Sie von den 3,5 cm breiten Leisten zwei 42 cm und zwei 12 cm lange Leisten ab. Sägen Sie mittig aus den unteren Längskanten der 42 cm langen Leisten eine 1 cm lange und breite Aussparung heraus. Diese liegt später über der Achse der beiden Schaufelräder. Bestreichen Sie die Seitenkanten der 42 cm langen Leisten mit Holzleim. Stellen Sie diese parallel gegenüber, und kleben Sie an beiden Enden die 12 cm langen Leisten darauf. Fixieren Sie die Leimstellen zusätzlich mit einigen Holzstiften.

Nach dem Trocknen des Leims schleifen Sie die Seiten mit mittlerem und feinem Schleifpapier. Streichen Sie sie danach mit schwarzer Farbe. Ist die Farbe getrocknet, malen Sie mit weißer Farbe runde Kajütenfenster auf.

Kajüte 1 unter Bodenplatte 3 leimen

Markieren Sie auf der Bodenplatte 3 die Bohrungen für die Kamine beidseitig mit 21 cm Abstand zu einer Quer- und 2 cm zu den Längskanten. Bohren Sie die Löcher 1 cm tief mit dem 3 cm großen Sägebohrer. Streichen Sie die Platte auf allen Seiten und Kanten mit weißem Acryllack. Zwischen den Anstrichen schleifen Sie die Platte mit feinem Schleifpapier an.

Markieren Sie auf der Bodenplatte 3 mittig die Lage der darunter liegenden Kajüte. Bestreichen Sie die Oberkanten der Kajüte mit Holzleim, und stellen Sie sie entlang der Markierung auf die Unterseite der Platte. Drehen Sie die Platte vorsichtig um, und lassen Sie den Kleber trocknen.

Reling auf Bodenplatte 3

Für die Reling sägen Sie zwei 49 cm lange Leisten, einen 20 cm und einen 16 cm langen Streifen ab.

Streichen Sie die Reling rot, und leimen Sie sie auf die Bodenplatte 3. Die kleinere Reling auf der Querseite kleben Sie mittig auf,

sodass beidseitig Platz für einen Abgang bleibt.

Kajüte 2 und 3

Kajüte 2 und 3 bilden zusammen ein T (→ Foto Seite 55). Sägen Sie dafür von dem 3,5 cm breiten Sperrholz folgende sieben Leisten ab: eine 7 cm lange Leiste sowie jeweils zwei mit 25 cm, 16 cm und 5 cm Länge. Schleifen Sie alle Leisten mit mittlerem und feinem Schleifpapier glatt.

Bauen Sie aus den 5 cm und 16 cm langen Leisten ein rechteckiges Häuschen (Kajüte 3). Leimen Sie die zwei 25 cm langen Leisten und die 7 cm lange Leiste U-förmig zusammen (Kajüte 2). Kleben Sie Kajüte 2 an der offenen Seite genau mittig auf eine der beiden 16 cm langen Hausseiten von Kajüte 3. Fixieren Sie alle zusammengeleimten Kanten zusätzlich noch mit Holzstiften.

Nach dem Trocknen des Leims streichen Sie die Kajüte rundum schwarz und malen danach weiße Fenster auf.

Kajüte 2 und 3 zwischen Bodenplatte 3 und 4 leimen

Zeichnen Sie die Maße der Bodenplatte 4 auf das 36 x 20 cm große Brett auf, und sägen Sie sie mit der Stichsäge aus. Schleifen Sie alle Kanten und Flächen glatt, und streichen Sie sie danach auf allen Seiten schwarz.

Markieren Sie auf der Unterseite der Bodenplatte 4 mittig die Lage von Kajüte 2 und 3. Bestreichen Sie die Oberkanten der Kajüte mit Holzleim, und legen Sie sie auf die Markierungen der Platte. Nach dem Anziehen des Leims drehen Sie das Brett vorsichtig um und warten, bis der Leim getrocknet ist. Anschließend leimen Sie Kajüte 2 und 3 auf die Bodenplatte 3.

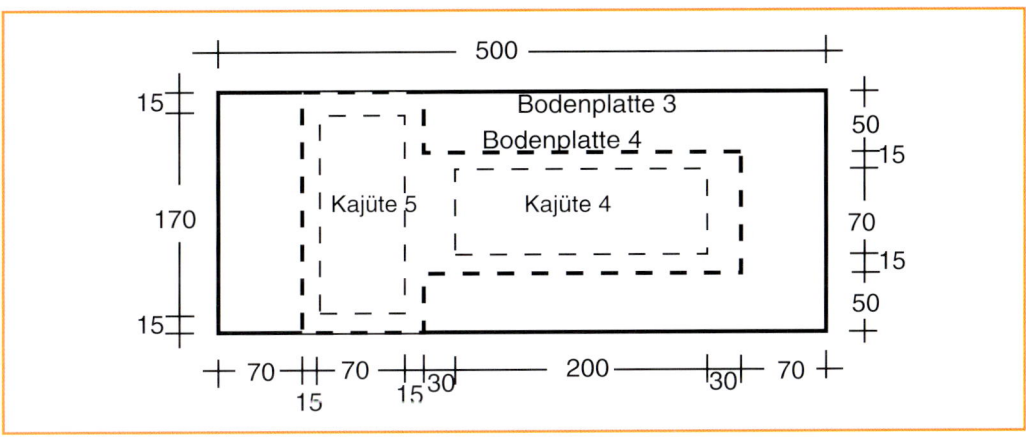

Hier sehen Sie die Maße von Bodenplatte 3 und 4 und die Lage der beiden oberen Kajüten.

Reling auf Bodenplatte 4

Für die Reling sägen Sie zwei 26 cm lange und ein 7 cm langes Brettchen ab. Streichen Sie die Relingteile braun, und kleben Sie sie entlang der Längskanten und mittig auf die hintere Querkante der vierten Bodenplatte auf.

Kajüte 4 zusägen und zusammenbauen

Für Kajüte 4 sägen Sie von den 3,5 cm breiten Leisten zwei 6 cm lange und zwei 20 cm lange Leisten ab. Schleifen Sie alle Seiten glatt. Bauen Sie ein rechteckiges Häuschen, indem Sie auf die 6 cm langen Leisten die 20 cm langen Leisten leimen. Schlagen Sie nach dem Anziehen des Leims zusätzlich Holzstifte ein.

Ist der Leim vollständig getrocknet, streichen Sie die Kajüte zweimal weiß und schleifen nach dem Trocknen des zweiten Anstrichs die Wände glatt. Abschließend malen Sie Fenster in Schwarz auf.

Für Dach 1 sägen Sie ein Brettchen in den Maßen 10 x 25 cm. Streichen Sie es nach dem Schleifen mit der roten Farbe. Markieren Sie nach dem Trocknen auf der Unterseite des Dachs mittig die Kanten der Kajü-te. Bestreichen Sie die oberen Kanten der Kajüte mit Kleber, und legen Sie das Dach an den Markierungen darauf. Beschweren Sie das Dach, bis der Kleber getrocknet ist.

Kajüte 5 zusägen und zusammenbauen

Für Kajüte 5 sägen Sie von der 7 cm breiten Leiste zweimal 17 cm und zweimal 6 cm ab. Schleifen Sie alle Flächen und Kanten, und kleben Sie die 6 cm langen Leisten auf die Kanten der 17 cm langen Leisten. Fixieren Sie auch diese mit Holzstiften.

Dach 2 sägen Sie 20 x 10 cm groß zu. Streichen Sie dieses nach dem Schleifen rot. Die Kajüte streichen Sie weiß und malen anschließend Fenster und Türen mit schwarzer Farbe auf.

Zeichnen Sie auf der Unterseite des Daches mittig die Lage der Kajüte auf. Leimen Sie die Kajüte auf das Dach, und drehen Sie das Ganze zum Trocknen um. Leimen Sie anschließend die Kajüten 4 und 5 auf die Bodenplatte 4 (→ Abbildung oben).

Schaufelräder bauen

Zeichnen Sie auf eines der quadratischen Brettchen einen Kreis mit einem Radius von

Mississippi-Dampfer

57 mm und 22 mm auf. Dann teilen Sie den Kreis mit einem Geodreieck in Achtel. Markieren Sie beidseitig der Achtel die Einschnitte für die Schaufeln. Die Einschnitte sind 0,5 cm breit und reichen bis zum inneren Kreis.

Spannen Sie mit Schraubzwingen die vier Brettchen aufeinander, und bohren Sie mittig ein Loch mit 7 mm Durchmesser. Sägen Sie die Scheiben und anschließend die Einschnitte heraus. Nehmen Sie die Schraubzwingen ab, und schleifen Sie alle Scheiben glatt.

Streichen Sie die Scheiben und die 16 Schaufeln zweimal mit roter Farbe. Zwischen den Anstrichen werden sie zusätzlich glatt geschliffen. Dann kleben Sie die Schaufeln in die Ausschnitte, am besten zuerst in die Vierteleinschnitte und anschließend in die Achtel.

Achse für die Schaufelräder

Feilen Sie mit der Rundfeile eine Nut in die Kante der Fichtenholzscheibe (→ Foto oben rechts), und bohren Sie mittig ein

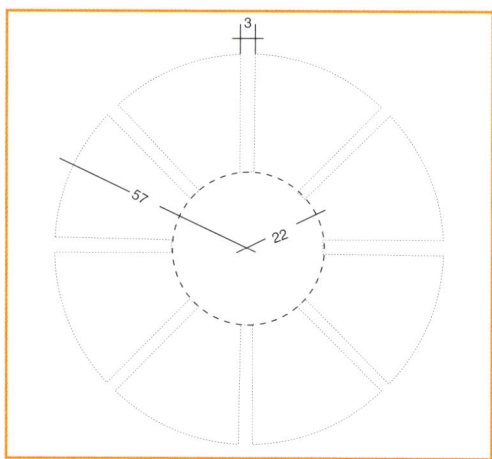

Nach diesen Maßen werden die Schaufelräder gebaut.

So wird der Motor mit der Achse verbunden.

7 mm großes Loch für das Rundholz. Schieben Sie die Scheibe auf das Rundholz, und kleben Sie es mittig fest.

Legen Sie einen Gummiring über die Scheibe. Zum Schluss stecken Sie die Schaufelräder beidseitig auf das Rundholz und kleben sie fest. Legen Sie das Rundholz in die Nut auf dem Bodenbrett 2, dabei liegt die Holzscheibe in dem Loch in der Mitte.

Montage des Motors

Befestigen Sie den Motor mit einem Streifen Lochblech oder Blech und zwei Schrauben so weit vom Loch entfernt, dass der Gummiring von der Welle des Motors leicht gespannt über die Nut der Holzscheibe läuft.

Klemmen Sie die Kabel der Batterie an den Motor, und überprüfen Sie den Lauf des Motors. Damit die Batterie nicht verrutscht, kleben Sie Reste von Vierkanthölzern als Rand um die Batterie.

Halterung für Kajüte 1 auf Bodenplatte 2

Markieren Sie die Lage von Kajüte 1 auf der Bodenplatte 2 mit Bleistift, indem Sie die Innenmaße der Kajüte (11 x 42 cm) mittig aufzeichnen.

Sägen Sie vier Vierkanthölzer ca. 5 cm lang ab, und kleben Sie diese bis knapp vor der

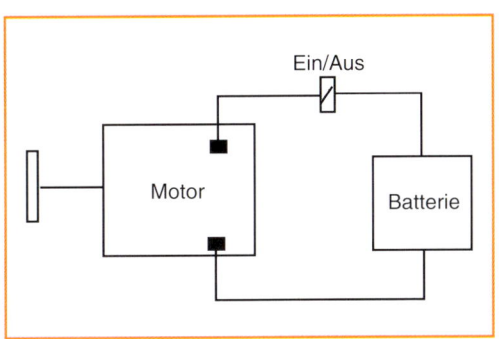

Die Schaufelräder dieses Nostalgie-Dampfers werden von einem kleinen Motor angetrieben.

Markierung auf die Bodenplatte, jeweils in die Mitte der Seiten. Dadurch kann die Kajüte nicht auf der Bodenplatte verrutschen. Bevor der Leim vollkommen getrocknet ist, probieren Sie, ob sich die Kajüte leicht aufsetzen lässt. Kajüte 2 und 3 werden mittig auf Bodenplatte 3 geleimt.

Die letzten Handgriffe
Sägen Sie von den Resten der Relingstreifen vier 5 cm lange Brettchen mit der Gehrungslade beidseitig im 45-Grad-Winkel ab. Streichen Sie die Brettchen schwarz, und malen Sie anschließend parallele weiße Striche als Treppe auf.
Kleben Sie diese »Treppen« an die Durchgänge der Reling auf den Bodenplatten 3 und 4.

Sägen Sie das Alurohr in der Mitte durch, und stellen Sie die Hälften als Kamine in die dafür vorgesehenen Bohrungen. Dekorieren Sie das Schiff mit Figuren, Bänken, Sonnenschirmen, Rettungsringen etc. aus dem Eisenbahnmodellbau.

Das ist der Schaltplan für den Motor.

Dieser exotische Zimmerbrunnen sieht nicht nur schön aus, sondern sorgt auch in einem trockenen Raum für eine höhere Luftfeuchtigkeit und damit für ein angenehmeres Raumklima.

Niagarafälle für zu Hause

Material
- Wasserundurchlässige Schale, ca. 40 cm Ø
- Maschendraht, ca. 70 x 50 cm
- Vlies für wasserdichte Formengestaltung
- Zierkiesel in mittlerer Größe
- Zubehör für Zimmerbrunnen:
  - Wasserpumpe
  - Flexibler Kunststoffschlauch mit einem Durchmesser, der auf die Wasserpumpe passt
  - Evtl. Schlauchklemme
- Naturfarbene, feinkörnige Ziersteinchen
- Grüne und blaue Minikiesel
- Dunkel- und hellgrünes Islandmoos
- Künstliche Blätterranken (z. B. Efeu), Blüten etc., Bäumchen
- Figuren, die im Wasser baden
- Silikonkleber

Werkzeug
- Drahtschere
- Schere
- Kartusche für Silikonkleber
- Zollstock

Zum Ausprobieren

An der Abbruchkante des Berges können Sie Silikonfäden wie Wasser herunterlaufen lassen: So wirkt der Wasserfall auch, wenn die Pumpe nicht eingeschaltet ist.
Noch realistischer wird die Wasserlandschaft mit richtigen Wasserpflanzen, z. B. Zwergbinsen, Wasserhyazinthen oder Wassersalat.

Das Original wird man vielleicht nur einmal im Leben zu Gesicht bekommen – dieser Zimmerbrunnen erfreut jeden Tag, hält die Erinnerung an glückliche Sommertage wach und wirkt beruhigend durch das gleichmäßige Plätschern des Wassers.

So wird's gemacht

Ein Grundgerüst aus Maschendraht wird komplett mit Steinen eingekleidet und vermittelt den Eindruck einer großartigen Felsformation. Wasser wird von einer Wasserpumpe auf den Berg befördert und fällt in die Tiefe, um erneut nach oben gepumpt zu werden. Eine Wasserlandschaft, Pflanzen und Menschen beleben die Szene.

Grundgerüst formen
Formen Sie aus dem Maschendraht einen 70 cm langen Tunnel, der etwa 10 bis 12 Zentimeter hoch ist. Diesen Tunnel stellen Sie in Halbkreisform in die Schale – etwa ein Viertel bleibt wie bei einem Tortenstück

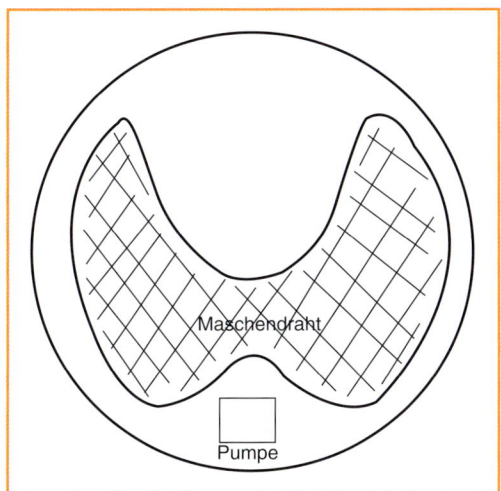

Hinter dem Maschendraht steht die Pumpe.

frei. Drücken Sie die Oberfläche etwas flach. Schieben Sie die Enden des Drahtes zusammen, sodass die beiden Öffnungen verschlossen werden und spitz zulaufen. In der Mitte auf der Rückseite drücken Sie eine Ausbuchtung ein, in der später die Wasserpumpe Platz findet (→ Abbildung unten).
Kleben Sie auf die Oberfläche das wasserdichte Vlies. Drücken Sie eine Vertiefung hinein, damit das Wasser darin wie in einem flachen See stehen kann.

Felsenlandschaft gestalten
Nun schichten Sie um den Maschendraht herum Steine auf, die Sie miteinander und am Maschendraht mit Silikonkleber fixieren. So wächst ihre Felsenlandschaft stetig in die Höhe. Lassen Sie vorne am Fuß des Berges eine kleine Öffnung frei, durch die das Wasser von der Vorderseite wieder zurück zur Pumpe fließen kann. Dafür genügt ein kleiner Spalt zwischen zwei oder mehreren Steinen.
Legen Sie einige Steine als Felsen, die später aus dem Wasser ragen, auf den Boden der Schale.

Wasserpumpe und Schlauch
Stecken Sie den Wasserschlauch auf den Wasseraustritt der Pumpe. Fixieren Sie ihn bei Bedarf mit einer Schlauchklemme. Stel-

Niagarafälle

len Sie die Pumpe in die Aussparung, führen Sie den Schlauch nach oben, und ziehen Sie ihn bis zur Mitte des Berges (→ Abbildung unten). Kleben Sie nun am Rand Steine über den Schlauch, sodass er damit auf der Anhöhe gehalten wird. Geben Sie besser keinen Kleber auf den Schlauch, so können Sie den Schlauch mit der Pumpe immer wieder entfernen.

Formen Sie über dem Schlauch einen kleinen Berg, der am Boden Öffnungen zu beiden Seiten hat, damit das Wasser seitlich ablaufen kann.

Wasserlandschaft und Vegetation

Bestreichen Sie das Plateau auf dem Berg mit Silikonkleber, und streuen Sie darauf die naturfarbenen Ziersteinchen. Drücken Sie sie fest in das Silikon.

Streichen Sie Silikonkleber auf den Boden der Schale, und streuen Sie flächendeckend naturfarbenen Ziersteinchen sowie – lose verstreut – grüne und blaue Zierkiesel hinein.

Nun kleben Sie mit Silikon den Urwald aus Islandmoos, künstlichen Blättern, Blüten und Ästen auf die Steine. Zuletzt stellen Sie nach Belieben Figuren in das Wasser bzw. auf den Berg und fixieren sie mit Kleber.

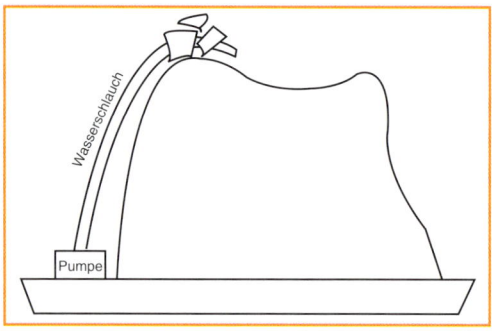

Der Schlauch wird oben zwischen Steine geklemmt.

So starten Sie die Rakete: Schieben Sie das Raketenrohr über das Metallrohr der Startrampe. Stecken Sie einen Raketentreibsatz mit Zündschnur in die Motorhalterung, und zünden Sie die Rakete.

Rasante Rakete

Material
- Alufolie, 10 x 45 cm
- Rohr oder Rundstab, 3 cm Ø, ca. 50 cm lang (als Biegeform)
- Lampenschirmfolie, 20 x 120 cm
- Balsaholzstäbchen, 25 x 5 x 3 mm
- Alublech, 0,2 mm stark, Größe:
  → Zeichnungen Seite 62
- Kevlarschnur (nicht brennbar), 50 cm lang
- Rundgummi, 55 cm lang
- Gestreiftes oder unifarbenes Spinakergewebe, 40 x 40 cm (alternativ geht auch eine Plastiktüte)
- Lochverstärkungsringe zum Aufkleben
- Fester Baumwollzwirn
- Zündung:
  - Motorhalterung (Motorrohr, Schubring, Adapterringe und Motorhaltebügel)
  - Raketentreibsätze mit Sicherheitszündschnüren, 25 mm Ø
  - Modellraketen-Schutzwatte

- 5 mm starkes Sperrholz:
  - 30 x 8 cm, viermal
  - 8 x 8 cm Sperrholz, zweimal
- Metallstab, 3 mm Ø, 40 cm lang
- Metallscheibe, 8 cm Ø
- Silberne und rote Sprühfarbe
- Holzgrundierung zum Sprühen
- Sprühkleber
- Bastelleim
- Sekundenkleber

Werkzeug
- Stichsäge
- Schere
- Blechschere
- Bohrmaschine
- Schraubzwingen
- Locher
- Pinzette
- Zirkel
- Zollstock
- Geodreieck
- Bleistift

Sicherheitshinweis
Bitte beachten: Bau und Zünden der Rakete sollten nur durch Erwachsene erfolgen, unter Einhaltung der bei Feuerwerkskörpern üblichen Sicherheitsvorkehrungen!

*Keine Angst: Diese rasante Rakete verschwindet nach dem Start nicht auf Nimmerwieder-
sehen, sondern gleitet an einem Fallschirm wohlbehalten zu Ihnen zurück. Falls Sie sich das
Basteln des Raketenrohrs ersparen möchten, können Sie es bestellen (→ Seite 126).*

So wird's gemacht

Die Rakete besteht aus einem langen Rohr,
vier Leitflossen und einer abnehmbaren
Spitze. In ihrem Inneren sind der Raketentreibsatz und der Fallschirm versteckt. Komplett wird das Set durch eine Startrampe.

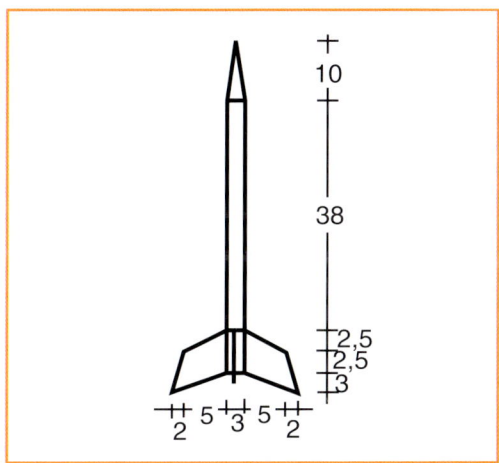

Nach diesen Maßen wird die Rakete gebaut.

Raketenrohr wickeln
Zunächst stellen Sie ein 45 cm langes Alurohr her: Wickeln Sie dafür die Alufolie
fest um das Rohr bzw. den Rundstab.
Schließt sich die Folie zur Rundung, tragen
Sie Sprühkleber auf. Dieser darf keinesfalls
auf das Rohr treffen, denn die Folie muss
beweglich darauf sitzen. Kleben Sie die
restliche Alufolie fest auf die darunter
liegende.

Schneiden Sie aus der Lampenschirmfolie
ein 45 x 20 cm großes Stück. Besprühen
Sie es auf einer Seite mit Sprühkleber, und
rollen Sie es fest um die Alufolie. Die Lampenschirmfolie muss absolut fest sitzen
und gut aufeinander kleben. Ziehen Sie das
Rohr aus Alu- und Lampenschirmfolie vom
Rundholz ab.

Die Spitze der Rakete
Zeichnen Sie einen Kreis mit 10 cm Radius
auf den Rest der Lampenschirmfolie.
Schneiden Sie den Kreis im Radius ein, und
wickeln Sie daraus die 10 cm lange Raketenspitze (wie eine spitze Tüte). Sie muss
an der Unterkante den gleichen Durchmesser wie das Rohr haben. Kleben Sie
die Wicklungen mit Sprühkleber fest.
Wickeln Sie aus einem 6 cm breiten (und
knapp 10 cm langen) Streifen Lampenschirmfolie einen Ring, der genau in das
Raketenrohr passt und an den Innenwän-
den anliegt. Kleben Sie die Enden des Streifens zum Ring zusammen. Schneiden Sie
ihn – in Abständen von 5 mm – von oben
2 cm tief ein.
Bestreichen Sie die unteren 2 cm der Raketenspitze mit Kleber. Schieben Sie die Einschnitte des Ringes hinein, diese überlappen dabei, und drücken Sie sie gegen die
Innenwand der Raketenspitze, sodass sie
festkleben.

Kleben Sie mit Sekundenkleber ein Balsahölzchen mit 2,5 cm Länge quer in die Raketenspitze. Daran wird später der Fallschirm eingehängt. Stecken Sie nun die Spitze auf das Raketenrohr: Es muss sich leicht herausziehen lassen.

Leitflosse ausschneiden

Schneiden Sie die Leitflossen nach der Zeichnung (unten) aus dem Alublech dreimal aus, und schneiden Sie sie an der gestrichelten Linie 2,5 cm tief ein.
Die vierte Leitflosse hat an einem Ende einen längeren Streifen, der um das Raketenrohr gewickelt wird und auf den die anderen drei Leitflossen gesteckt werden: Übertragen Sie die Vorlage (unten rechts) auf einen 8 cm breiten und 20 cm langen Streifen aus Alublech, und schneiden Sie die Flosse aus. Schneiden Sie sie – im Abstand von 2,4 cm – an den gestrichelten Linien 2,5 cm tief ein.
Biegen Sie nun parallel zum letzten Einschnitt das Blech um den 3 mm dicken Metallstab, das Blech soll locker darauf liegen. Ziehen Sie das Rohr wieder heraus. Dies ist die Stelle, an der später die Rakete auf die Startrampe gesteckt wird.
Stecken Sie die Einschnitte der Leitflossen in die des Streifens, die 1 cm breiten Zugaben kleben Sie auf der Rückseite fest. Kle-

ben Sie den Streifen um die Unterkante des Rohrs, und biegen Sie die vierte Leitflosse rechtwinklig nach außen.

Befestigen der Kevlarschnur

Stecken Sie die Kevlarschnur von oben durch das Raketenrohr, und kleben Sie ein Schnurende an der Innenwand, 10 cm über dem unteren Ende des Rohrs, mit Sekundenkleber fest. Am besten geht das mit einer Pinzette.
Verknoten Sie das andere Schnurende, das oben aus dem Raketenrohr ragt, mit dem Rundgummi, das zuvor mit einer Schlaufe am Balsahölzchen der Raketenspitze befestigt wurde.

Fallschirm zuschneiden

Schneiden Sie aus dem Spinakergewebe einen Kreis mit 40 cm Durchmesser heraus. Sie können stattdessen auch eine bunt gemusterte Plastiktüte verwenden. Unterteilen Sie den Kreisumfang mit einem Geodreieck in Achtel, und knipsen Sie mit einem Locher in jedes Achtel ein Loch mit 1 cm Abstand zum Rand. Kleben Sie Lochverstärker auf die Löcher.
Knoten Sie in jedes Loch einen 30 cm langen Zwirnsfaden. Verknoten Sie die Enden aller acht Fäden miteinander. Verdrehen Sie die Fäden, sodass ein einzelner Strang ent-

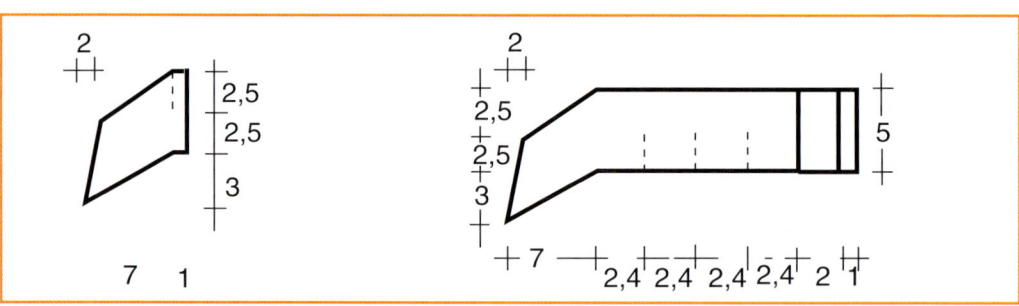

Die linke Leitflosse wird dreimal zugeschnitten, die rechte einmal.

steht, und binden Sie diesen am Balsaholz-
stab in der Raketenspitze fest.

Halterung für den Raketentreibsatz

Fixieren Sie den Motorhaltebügel so am
Motorrohr mit Kleber, dass er über das
Rohr 1 cm hinausschaut (→ Abbildung
rechts). Kleben Sie das Motorrohr mit
passenden Adapterringen in die untere
Öffnung des Raketenrohrs.

Zusammenbau aller Teile

Legen Sie den Schirm zu einem spitzen
Dreieck zusammen, und falten Sie die
Spitze zur Hälfte nach unten.
Jetzt wird das Raketenrohr der Reihe nach
gefüllt: Zerzupfen Sie die Schutzwatte, und
geben Sie ein paar walnussgroße Flocken
bis zum Motorrohr in die Rakete, daneben
läuft die Kevlarschnur. Zuletzt stecken Sie
den zusammengefalteten Fallschirm hinein;
die Schnüre legen Sie auf den Fallschirm.
Setzen Sie die Raketenspitze auf das Rohr.
Dabei dürfen die Schnüre des Fallschirms
nicht eingeklemmt werden.
Spritzen Sie das Rohr, die Leitflossen und
die Spitze mit silberfarbenem Lack.

Startrampe bauen

Übertragen Sie die Maße der Startrampe
auf die Sperrholzstreifen, und sägen Sie sie
aus. Auf die beiden Sperrholzquadrate
zeichnen Sie Kreise mit 8 cm Durchmesser
und sägen diese mit der Stichsäge aus.
Bohren Sie im Mittelpunkt der oberen
Scheibe ein Loch mit 3 mm Durchmesser.
In beide Scheiben werden jetzt Einkerbun-
gen für die Rampenstützen gesägt: Zeichnen Sie dafür auf eine der Scheiben an vier
gegenüberliegenden Stellen (12, 3, 6 und
9 Uhr) jeweils einen 3 cm tiefen und 5 mm
breiten Einschnitt auf. Spannen Sie die

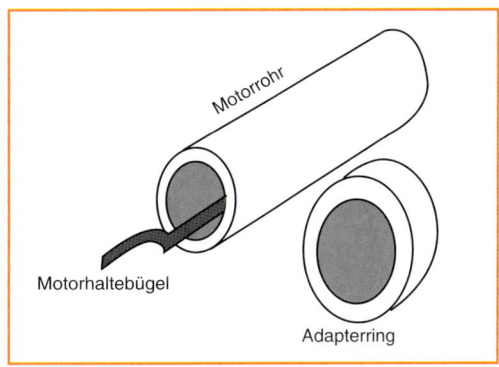

*Beachten Sie bei der Montage der Zündung
die Herstellerangaben.*

Scheiben mit einer Schraubzwinge aufeinander, und sägen Sie die Einschnitte
durch beide Scheiben heraus.
Kleben Sie nun die Rampenstützen bündig
mit der oberen Kante in die obere Scheibe,
danach bündig mit der unteren Kante in die
untere. Sprühen Sie zuerst die Rampe mit
Holzgrundierung ein, dann mit roter Farbe.
Stecken Sie den Metallstab in die Bohrung,
und legen Sie die Metallscheibe darauf, in
die Sie zuvor mittig ein 3 mm großes Loch
gebohrt haben.

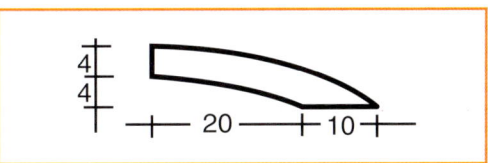

*Nach diesen Maßen werden die Füße aus-
gesägt.*

Die Startrampe steht auf vier Füßen.

Zur Begrünung der Schloss-anlage wird Islandmoos auf die Grundplatte geklebt. Kleine Figuren erfüllen das Ganze mit Leben.

Mittelalterliches Schloss

Material
- **Grundplatte, mindestens 43 x 33 x 2 cm**
- **Zierkiesel in mittlerer Größe**
- **Lufttrocknender Ton in Weiß**
- **Feiner Maschendraht, 40 x 15 cm**
- **Blaue Minikiesel**
- **Dünnes Rundholz, ca. 8 cm lang (Fahnenstange)**
- **Stoffrest (Fahne)**
- **Kleines Holzscheit**
- **Holzleiste, ca. 5 x 5 x 20 mm**
- **Holzreste**
- **Blechreste**
- **Rote, weiße und schwarze Dispersions-farbe**
- **Silikonkleber**
- **Islandmoos**
- **Figuren**

Werkzeug
- **Blechschere**
- **Schere**
- **Stichsäge**
- **Alter Teller als Palette**
- **Pinsel**
- **Kartusche für Silikonkleber**
- **Zollstock**
- **Bleistift**

Zum Ausprobieren
Unsere Beschreibung folgt dem hier ab-gebildeten Grundriss. Sie können aber auch jeden anderen nehmen – z. B. den Grundriss einer historischen Anlage, die Ihnen besonders gut gefällt.

Sie wollten schon immer einmal Schlossherr sein? Oder Ihre Kinder schwärmen gerade für heldenhafte Ritter, kopflose Gespenster und trutzige Burgen? Dann sollten Sie sofort den ersten Grundstein legen …

So wird's gemacht

Vergrößern Sie den Grundriss mit dem Kopierer auf die gewünschte Größe, und übertragen Sie ihn auf die Grundplatte.

Das Mauerwerk formen

Kleben Sie die erste Reihe Kiesel mit Silikonkleber auf die Linien des Grundrisses. Nun schichten Sie Stein auf Stein und kleben alles mit Silikonkleber aufeinander. Setzen Sie bei den Türmen und Häusern immer gleich die Anschlusssteine zur Innenseite in die Burgmauer ein.
Die Mauer ziehen sie etwa 10 cm hoch, der Torbogen über dem Eingang ist rund 12 cm hoch. Kleben Sie bei Letzterem als Abschluss einen größeren, flachen Stein in die Mitte. Beim Formen des Torbogens sägen

Sie vorher aus einem Holzrest die Form und bauen darüber den Bogen. Nach dem Erhärten des Klebers entfernen Sie das Holz – Sie benötigen es später als Vorlage für das Eisentor.

Türen und Tor

Bei den Türen der Häuser und Türme unterstützen Sie den Türsturz ebenfalls mit Holzklötzchen, die Sie später wieder entfernen. Die Eingänge sind etwa 5 cm hoch, beim runden Turm ist er als Bogen geformt.

Torhäuschen mauern

Ziehen Sie die Wände des Torhäuschens 14 cm hoch. Die beiden Giebel formen Sie, zusammen mit dem Dach, komplett aus lufttrocknendem Ton. Das Ganze sollte genau auf die vier Wände des Häuschens passen.
Drücken Sie die Auflagefläche des Dachs auf die Steine der Wände, sodass es fest sitzt und nach dem Trocknen nicht mehr hinunterfallen kann. Stecken Sie in den noch feuchten Ton kleinere Steine als Dachziegel hinein. Den Dachfirst verzieren Sie mit Steinen gleicher Größe.
Nach dem Trocknen des Tons kleben Sie auf den Giebel, der nach außen zeigt, ein 1 cm hohes Bogenfenster. Dieses haben Sie zuvor aus Blech ausgeschnitten und rot angemalt.

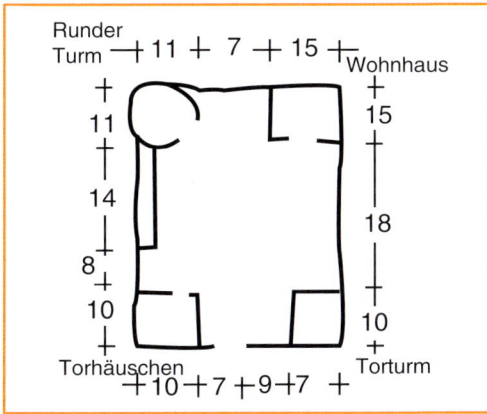

Dies ist der Grundriss unseres Schlosses.

Torturm mauern

Die Wände des Torturms ziehen Sie leicht
konisch (also oben mit einem etwas gerin-
geren Umfang als unten) 24 cm hoch.
Schneiden Sie ein Stück Maschendraht
(40 x 15 cm) zurecht. Drehen Sie es zu einer
Tüte, sodass es die Form des runden, spitz
zulaufenden Daches erhält. An der Auflagefläche geht die kreisrunde Form in ein Quadrat über, das genau auf die vier Wände
des Torturms passt.
Verkleiden Sie den so geformten Maschendraht mit etwa 1 cm dick ausgerolltem Ton.
Setzen Sie die Spitze auf den Turm, und
drücken Sie die Auflagefläche vorsichtig
auf die Steine der vier Seitenwände. Stecken Sie als Verzierung blaue Steinchen in
den Ton (→ Foto rechts). Lassen Sie den Ton
vollständig austrocknen.

Runden Turm mauern

Die Wände des runden Turms mauern Sie
ebenfalls 24 cm hoch. Schneiden Sie aus
Maschendraht einen Kreis zu, der den Turm
abdeckt, und bedecken Sie diesen mit 1 cm
dick ausgerolltem Ton. Stecken Sie in den
Ton – leicht nach innen versetzt – eine ab-
schließende Reihe großer Steine (→ Foto
Seite 67 oben). Stecken Sie in die Mitte des
Turms das Rundholz, solange der Ton noch
feucht ist. Bemalen Sie einen rechteckigen
Stoffrest mit dem Wappen des Schloss-
herrn in weißer Farbe. Kleben Sie die Fahne
ans Rundholz.

Wohnhaus mauern

Für das Häuschen formen Sie die beiden
Giebel mitsamt Dachflächen aus Maschendraht. Die Giebel sind 5 cm hoch und 14 cm
breit. Das Dach zwischen den Giebeln ist
etwa 13 cm lang. Verkleiden Sie den Draht
mit Ton, und drücken Sie in die Giebelseite,

Der Unterstand hat ein Dach aus Rinde.

die nach außen zeigt, ein rundes Mosaik
aus blauen Steinchen. Die andere Giebelseite verstreichen Sie glatt. In die Dachflächen setzen Sie kleine Steine. Stellen Sie
das Dach auf die Mauern des Häuschens,
und verstreichen Sie den Ton mit den darunter liegenden Steinen.

Steine verputzen

Ist der Silikonkleber vollständig ausgehär-
tet, nehmen Sie kleinere Klümpchen Ton
und verstreichen ihn als Mörtel zwischen
den Steinen der Außenmauern. So wird der
Kleber verdeckt, und die Wände sehen aus
wie verputzt. Auf der Mauer der Hofseite
zwischen Häuschen und Torturm tragen Sie
den Ton dicker auf und verputzen die Wand
fast glatt.

Mischen Sie auf einem Teller weiße und schwarze Dispersionsfarbe unregelmäßig zu einem hellen Grau, und streichen Sie damit die verputzten Wände und einen Teil der Fugen. Es dürfen auch dunklere und hellere Stellen dazwischen sein.

Unterstand
Für den Unterstand auf dem Innenhof (zwischen Rundtum und Torhäuschen) stützen Sie ein Holzscheit in passender Größe mit 5 cm langen Holzleisten ab. Es dient als Dach und wird mit Kleber an der Mauer fixiert.

Eingangstor
Zeichnen Sie die Form des Eisentores mit dem Holz, das Sie zum Aufbau des Torbogens benutzt haben, auf Blech auf. Sie können nun schmale Streifen aus Blech schneiden und ein Gitter in dieser Form zusammenkleben oder die Tür als Gitter aufzeichnen und die Aussparungen herausschneiden. Stellen Sie das Tor in den Torbogen, und fixieren Sie es mit seitlichen Streifen aus Blech am Mauerwerk. Rostig wird das Tor, wenn Sie es anschleifen und öfter mit Wasser besprühen.
Schneiden Sie das Wappen nach der Vorlage aus Blech, und bemalen Sie es mit Ihrem persönlichen Zeichen.

Auf dem Turm flattert eine Fahne im Wind.

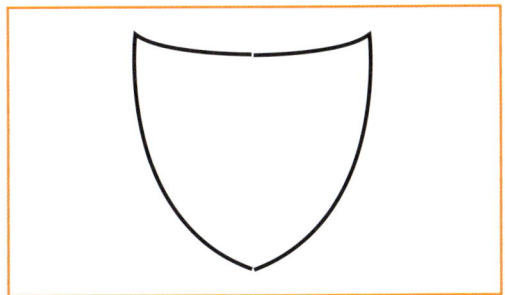

Schneiden Sie das Torschild aus Blech aus.

Über dem Tor prangt das Schlosswappen.

Erst auf den zweiten Blick erkennt man das Geheimnis dieses Schwans: Unter den hinteren Schwanzfedern verbirgt sich ein Außenbordmotor.

Schwan mit Fernsteuerung

Material

- Schwan aus Kunststoff, ca. 80 cm lang und 35 cm breit
- 2 Bögen Papier, DIN A3
- Balsaholz, 30 x 30 cm
- Balsaholzreste
- Außenbordmotor mit Verbindungskabel zum Empfänger und beweglicher Schwenkmotorhalterung
- Fernsteuerung, bestehend aus:
  - Lenkservo mit Verbindungskabel zum Empfänger
  - Empfängermodul mit mindestens 2 Ausgängen, 1 Stromeingang und Antennenkabelausgang
  - Antennenkabel mit Kunststoffummantelung
  - Akkusatz mit Verbindungskabel zum Empfänger
- Draht für Lenkservo
- Fernsteuer-Sender
- Scharnier, 6 cm lang, mit passenden Schrauben
- Metallstreifen, ca. 5 x 2 cm
- Holzleim
- Zweikomponentenkleber

Werkzeug

- Handsäge
- Stichsäge
- Schere
- Scharfes Messer
- Bohrmaschine
- Schraubendreher
- Zollstock
- Wasserlöslicher Filzstift
- Bleistift

Täuschend echt wirkt dieser stolze Schwan, wenn er still seine Runden über den See zieht. Und genügsam ist er zudem: Er braucht kein Futter, sondern nur eine einfühlsame Hand, die ihn aus der Ferne lenkt ...

So wird's gemacht

Der Motor und das Empfangsmodul werden geschickt im Schwan versteckt, sodass von außen nichts erkennbar ist. Dafür müssen zunächst die Schwanzfedern abgetrennt und eine Öffnung mit aufklappbarem Deckel auf dem Rücken des Schwans angebracht werden.

Abtrennen der Schwanzfedern
Zeichnen Sie am Schwanz des Schwans einen Querstrich, an dem die Schwanzfedern abgetrennt werden. An dieser Stelle sitzt später der Motor. Das abgetrennte Stück sollte etwas länger als der Motor sein (→ Foto unten), also etwa 10 cm. Sägen Sie es mit der Hand- oder Stichsäge ab. Trennen Sie dann mit einem Messer das Oberteil entlang der Spritzgussnaht vom Unterteil der Schwanzfedern.

Öffnung des Schwanenrückens
Falten Sie das Papier längs zur Hälfte, und zeichnen Sie die Umrisse für die Öffnung am Rücken des Schwans auf. Schneiden Sie die Vorlage entlang der Kontur aus, und falten Sie das Papier auf (→ Abbildung unten). Legen Sie nun die Vorlage etwa 3 cm zum abgeschnitttenen Ende mittig auf den Rücken des Schwans, und zeichnen Sie die Umrisse mit einem wasserlöslichen Filzstift nach. Zeichnen Sie beidseitig über die Ausschnittmarkierung zwei Passdreiecke: So wissen Sie später genau, wie die Abdeckung eingesetzt werden muss.
Bohren Sie in der Mitte der unteren Rundung ein Loch in den Schwanenrücken. Dort setzen Sie die Stichsäge ein und sägen vorsichtig mit einem glatten Schnitt die Öffnung heraus. Achten Sie darauf,

Der Außenbordmotor passt genau unter die Schwanzfedern.

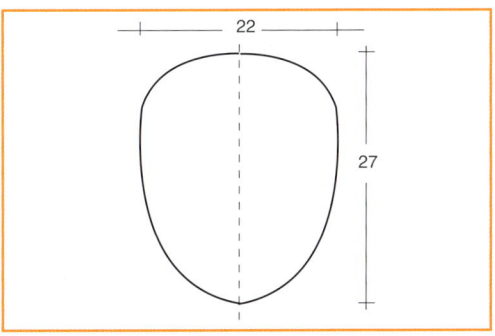

Rückenöffnung: Übertragen Sie die Vorlage auf Papier.

Schwan

dass weder der Schwanenkörper noch die Schnittkante beschädigt werden.

Herstellung der Grundplatte

Legen Sie einen DIN-A3-Bogen in das Innere des Schwans auf den Boden, und schieben Sie eine Kante bis zum abgeschnittenen Schwanz. Die anderen, hoch stehenden Kanten falten Sie solange um, bis das Papier flach im Schwan liegt. Nehmen Sie es heraus, und schneiden Sie die umgefalteten Kanten ab, sodass Sie eine plane Fläche erhalten. Legen Sie das Papier noch einmal in den Schwan, um zu überprüfen, ob es auch passt.

Nun übertragen Sie die Kontur auf das Balsaholz: Es dient als Grundplatte zur Befestigung der Servolenkung, des Empfängers und des Motors.

Sägen Sie aus den Resten des Balsaholzes vier je 3 cm hohe und 10 cm lange Streifen. Diese kleben Sie als Füße unter die Balsaholzplatte. An die hintere Kante der Platte kleben Sie ein 3 cm hohes Brettchen, das vor der Schwanzöffnung liegt und diese ganz schließt.

Befestigung von Motor und Servolenkung

Stecken Sie das Balsaholzbrett in den Schwan, und schrauben Sie die Schwenkmotorhalterung von außen an das hintere senkrechte Brettchen. An der Schwenkmotorhalterung befestigen Sie die beiden Drähte zur Servolenkung. Schrauben Sie dann die Servolenkung genau mittig vor die Schwenkmotorhalterung.

Verkabeln Sie dann den Motor, die Servolenkung und den Akku mit dem Empfänger. Schließen Sie auch die Antenne an. Anstelle eines Antennenkabels mit Kunststoffummantelung können Sie auch eine Metallantenne in den Empfänger einbauen.

Aufklappbarer Deckel für die Öffnung

Legen Sie das Scharnier unter die breiteste Stelle des Kunststoffstücks, das Sie aus dem Rücken des Schwans geschnitten haben. Nieten oder schrauben Sie es fest. Alternativ können Sie es auch mit Zweikomponentenkleber fixieren.

Legen Sie den Deckel nun passgenau auf das Loch im Schwanenrücken. Markieren Sie die Stelle, an der die andere Hälfte des Scharniers am Schwan befestigt wird. Kleben oder schrauben Sie das zweite Schar-

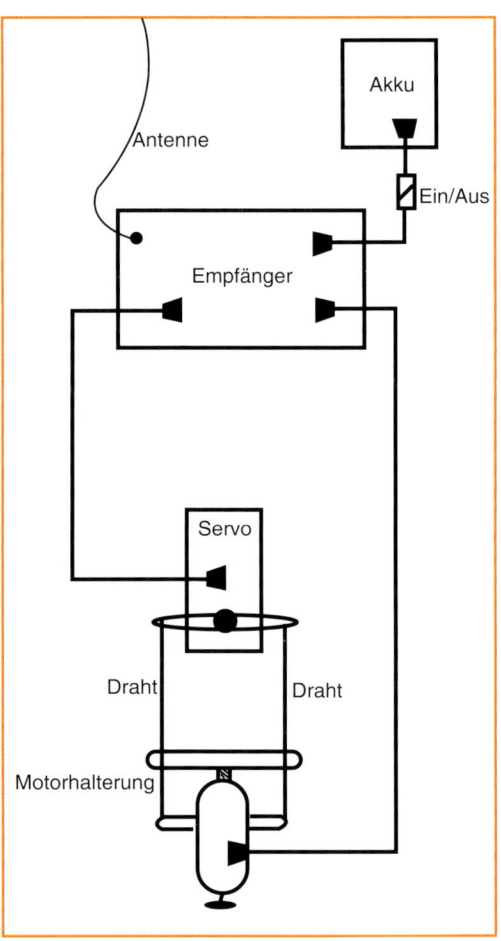

Schaltplan für den Empfänger

Die Fernsteuerung ist im Inneren des Schwans untergebracht und durch einen aufklapp-baren Deckel auf dem Rücken zugänglich.

nierband auf die Innenseite des Schwanen-körpers an der markierten Stelle.
Klappen Sie den Deckel auf, und kleben Sie auf der gegenüberliegenden Seite des Scharniers den 5 x 2 cm großen Metallstrei-fen unter den Rand der Körperöffnung. Ein

Stück lugt am Rand hervor und dient so als Auflage für den Deckel.
Bestreichen Sie die Unterseite des abge-teilten Schwanzoberteils mit Zweikom-ponentenkleber, und setzen Sie es auf den Motor als Abdeckung auf.

Der Rumpf des Bootes besteht aus Sperrholz und Kiefernleisten, die mit Furnierhölzern bedeckt wurden.

Segelboot »Julia«

Material

- Stabiles Brett, ca. 70 x 25 x 2 cm (Helling)
- Sperrholz, 3 mm stark, 0,5 m² (Spanten, Heckspiegel, Ruder, Deck)
- Vierkantleiste, 5 x 5 mm, ca. 2 m (Steven, Versteifung, Ruderpinne, Heck)
- Vierkantleiste, 10 x 10 mm, ca. 1 m lang (Kielschwein, Servo, Heck)
- Kiefernholzleisten, 10 x 3 mm, insgesamt 16 m (Beplankung)
- Balsaholz, 3 mm stark, ca. 50 x 30 cm (Kiel, Deck, Paddel)
- Mahagoni- und Abachiholzfurnier (Deckbeplankung)
- Rundholz, 10 mm Ø, 2 m lang (Mast, Gestell)
- Rundholz, 5 mm Ø, 29 cm lang (Großsegel)
- Rundholz, 3 mm Ø 18 cm lang (Vorsegel)
- Rundholz, 12 mm Ø, 30 cm lang (Umlenkrollen)
- Fernsteuerung:
  - Lenkservo und -draht
  - Empfänger
  - Akkusatz
  - Schalter
  - Fernbedienung
  - Kabel
  - Antenne
- Eisenleiste, 70 x 70 x 3 mm, Gewicht etwa 400 g (Kiel)
- 2 kleine Scharniere mit passenden Muttern
- Alublech, 0,2 mm stark (Beschlagteile)
- Messingdraht, 0,2 mm Ø (Ringe und Ösen)
- Messingstifte
- Kleine Schrauben mit passenden Muttern
- 1 Bogen Papier DIN A3
- Bootslack
- Glänzender Acryllack in Weiß
- Leinen für die Segel

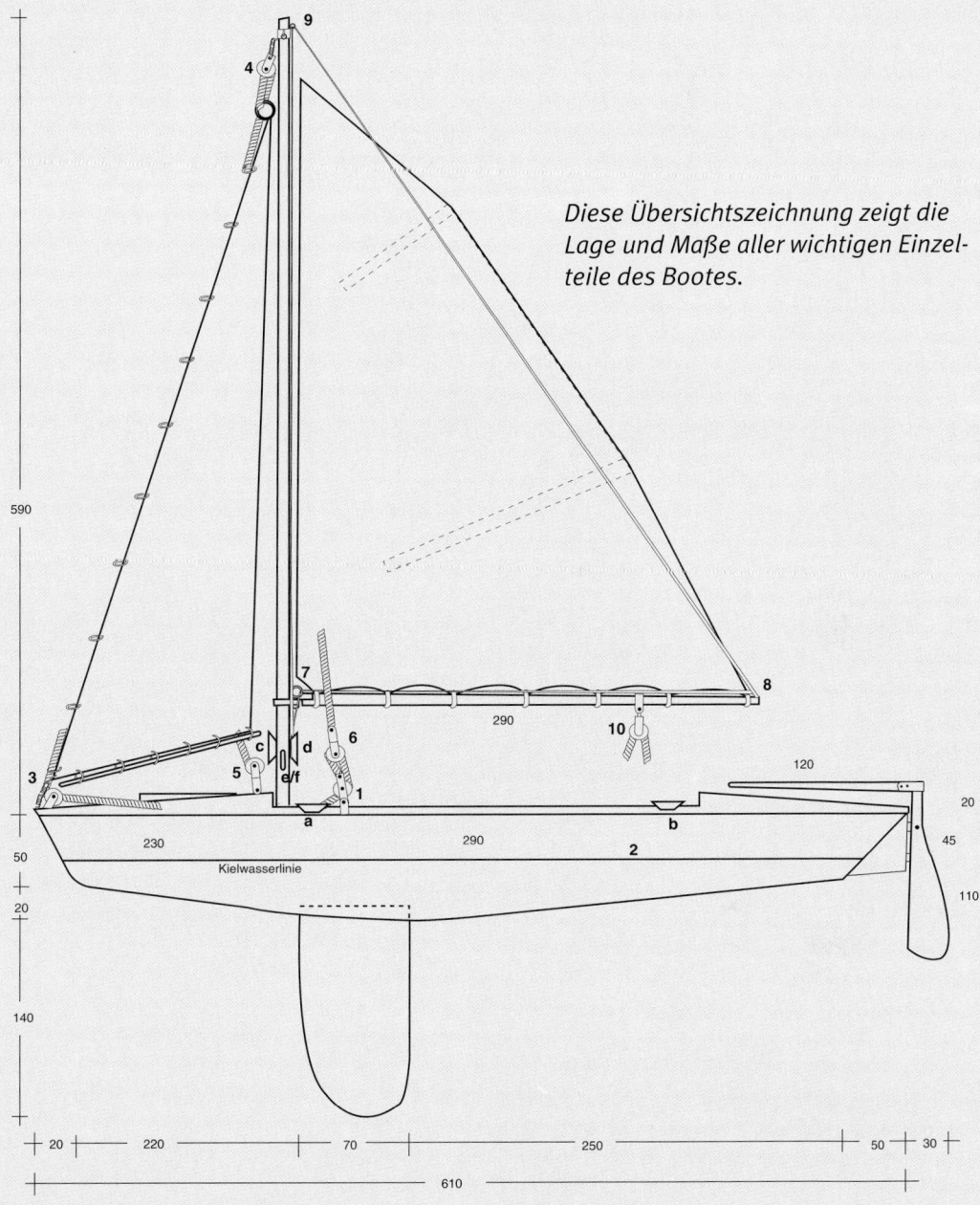

Diese Übersichtszeichnung zeigt die Lage und Maße aller wichtigen Einzelteile des Bootes.

590

290

290

120

20

50

20

45

Kielwasserlinie

110

140

20 — 220 — 70 — 250 — 50 — 30

610

230

2

- Nylonseil, 1,5 mm Ø, ca. 3 m
- Dünnes Baumwollseil, ca. 2 m
- Holzspachtelmasse
- Holzleim
- Sekundenkleber
- Stoffkleber
- Feines Schleifpapier

Werkzeug

- Handsäge
- Laubsäge
- Stichsäge
- Schere
- Cutter
- Bohrmaschine

- Kleiner Hammer
- Schraubendreher
- Rundzange
- Großer Topf
- Lineal, Zollstock
- Bleistift

Segelboot »Julia«

*Bei diesem Modell im Maßstab 1:7 ließen wir uns von kleinen, aber feinen Sportsegel-
booten der 50er- und 60er-Jahre inspirieren – vor allem ihre aus Edelhölzern gebauten
Rümpfe hatten es uns angetan.*

So wird's gemacht

Zunächst wird das Gerüst des Schiffs-
rumpfs gebaut, das anschließend beplankt
wird. Dann folgen die Einbauten für die
Fernsteuerung und das Deck, das mit edlen
Furnieren beklebt wird. Für die Takelage
werden die Segel zugeschnitten und die
Befestigungen für die Seile angebracht.
Schließlich können die Segel gesetzt wer-
den – und das Boot ist bereit für seine
Jungfernfahrt.

Spanten zusägen
Übertragen Sie die Maße der fünf Spanten
(→ Zeichnung unten) auf das Sperrholz. Auf
der Zeichnung finden Sie immer nur die

eine Hälfte der Spanten, die andere Hälfte
zeichnen Sie dazu spiegelverkehrt. Der
erste, zweite und fünfte Spant hat oben
einen Querbalken und zwei Fenster, die beiden anderen nicht. Beachten Sie auch die
quadratische Aussparung (10 x 10 mm)
unten an der Spitze.
Sägen Sie die Spanten mit der Stich- oder
Laubsäge aus.
Die Spanten werden nun auf eine Platte,
die so genannte Helling, geschraubt, um
ein Verziehen des Rumpfs bei der späteren Beplankung zu vermeiden. Wenn der
Rumpf fertig ist, werden sie wieder abgenommen. Zeichnen Sie dafür auf der Hel-

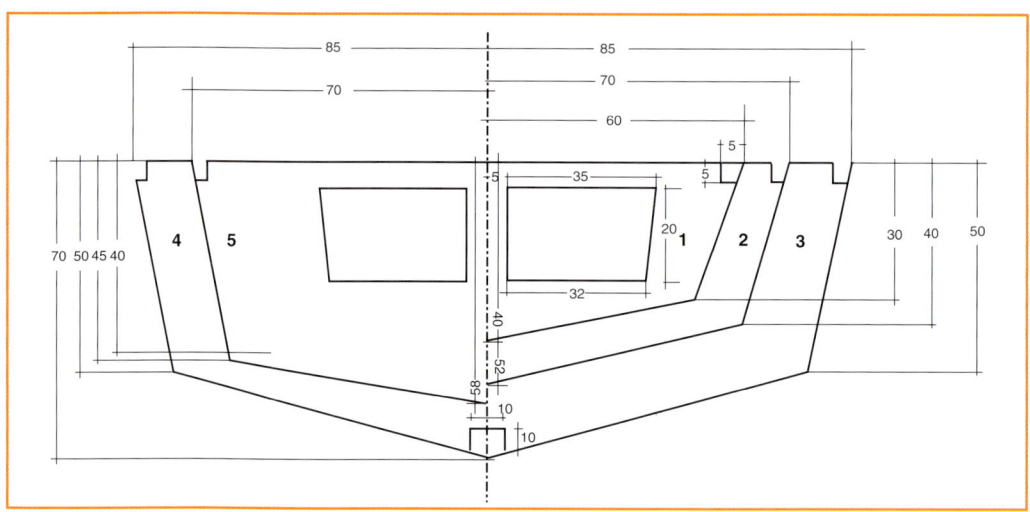

Nach diesen Maßen sägen Sie die fünf Spanten zu.

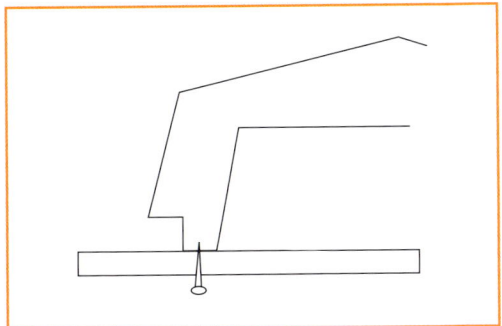
So werden die Spanten befestigt.

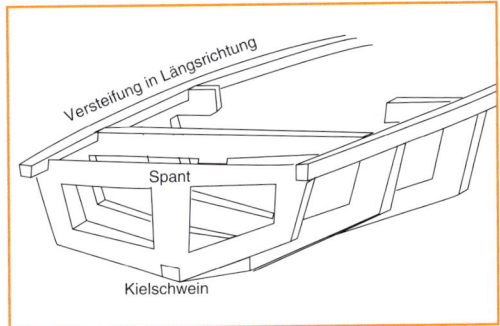
Die Spanten bilden das Gerüst des Bootes.

ling eine Mittellinie mit der Gesamtlänge des Bootes (61 cm) auf.
Befestigen Sie die Spanten mit Schrauben (→ Abbildung oben links) mittig und kopfüber auf der Mittellinie der Helling: Der erste Abstand zum Bug beträgt 9 cm, der zweite 19 cm, der dritte 29 cm, der vierte 39 cm und der fünfte 49 cm.

Heckspiegel, Steven und Versteifung in Längsrichtung

Sägen Sie den Heckspiegel ebenfalls aus 3 mm starkem Sperrholz zu. Halten Sie sich dabei an die unten stehende Zeichnung. Schrauben Sie ihn ans Ende der Mittellinie, also nach 61 cm, auf die Helling.
Außerdem schrauben Sie auf die Helling den so genannten Steven: eine 6 cm lange Vierkantleiste, die die Schräge an der Bugspitze festlegt. Die Schrägung entnehmen Sie der Zeichnung auf Seite 73.
Messen Sie für die Versteifung vom Bug bis zum Heck die Bootslänge entlang der Spanten aus. Schneiden Sie zwei Vierkanthölzer in dieser Länge zu. Sie müssen nun entsprechend der Verjüngung an Bug und Heck in Form gebracht werden: Biegen Sie die Leisten in einem Topf mit heißem Wasser. Schrauben Sie sie sofort auf die Spanten, den Steven und den Heckspiegel.

Kielschwein und Beplankung

Schrauben und leimen Sie in die Aussparung an der Spitze der Spanten das so genannte Kielschwein. Es reicht vom Bug bis zum Heck, das heißt, in dieser Länge (ca. 55 cm) müssen Sie es zuvor vom Vierkantholz (10 x 10 mm) absägen und dann in heißem Wasser in Form biegen.
Beplanken Sie den Schiffsrumpf von oben nach unten, also angefangen beim Kielschwein. Sägen Sie dafür die Kiefernholzleisten in der entsprechenden Größe zurecht, und biegen Sie sie in heißem Wasser in Form. Bestreichen Sie die Planken an den Kanten und den Stellen, wo sie auf die Spanten bzw. den Heckspiegel und Steven treffen, mit Leim, und schrauben Sie sie sofort darauf. Passen Sie nach jeder Planke

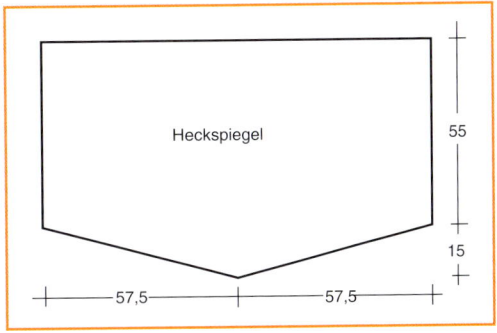
Dies sind die Maße des Heckspiegels.

die nächste der Form und der Länge an. Sägen Sie nach diesem Maß immer die Planken für beide Seiten zurecht, so wird der Rumpf symmetrisch.

Wenn der Rumpf fertig beplankt und der Holzleim vollständig ausgetrocknet ist, schrauben Sie ihn von der Helling ab. Drehen Sie auch die Schrauben der Planken wieder heraus, und füllen Sie die Löcher mit Holzspachtelmasse. Nach dem Trocknen der Spachtelmasse schleifen Sie den Rumpf rundum mit dem feinen Schleifpapier vollständig glatt.

Montage der Fernsteuerung

Für die Halterung der Fernsteuerung im Heck sägen Sie zwei 11,5 cm lange Vierkanthölzer (10 x 10 mm) ab. Zwischen diesen Leisten befestigen Sie mittig den Lenk-

Lenkservo und Empfänger werden im Heck fest montiert.

servo und daneben den Empfänger. Klemmen Sie die Fernsteuerung in das Heck. Optimal ist die Lage, wenn die Scheibe des Lenkservos etwa 2 cm unterhalb der Oberkante des Hecks liegt.

Vom Empfänger legen Sie ein Kabel locker entlang der Schiffsseite zum Bug, in der Mitte des Kabels ist der Schalter fixiert. Im Bug wird der Akku nach dem Trimmen mit Kleber fixiert. Die übrige Verkabelung entnehmen Sie dem Schaltplan. Die Antenne liegt neben dem Kabel, das zum Bug führt. Um den Rumpf zu trimmen, das heißt auszubalancieren, setzen Sie ihn ins Wasser, am besten geht das in der Badewanne. Erst danach fixieren Sie die Halterung für den Akku, denn dieser muss vorne im Bug das Gewicht des Empfängers im Heck ausgleichen.

Ballastkiel anbringen

Damit das Boot stabil und kentersicher im Wasser liegt, wird ein Ballastkiel an der Unterseite des Rumpfs befestigt. Sägen Sie dafür aus Balsaholz zweimal den Kiel nach den Maßen der Zeichnung auf Seite 73 aus. Streichen Sie beide Innenseiten mit Leim ein, legen Sie den Metallstreifen mittig dazwischen (mit einer Kante am oberen Rand

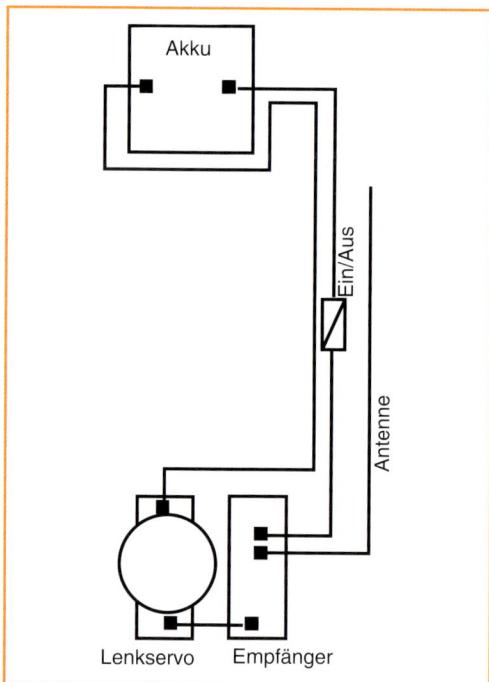

Akku

Ein/Aus

Antenne

Lenkservo   Empfänger

Schaltplan der Fernsteuerung

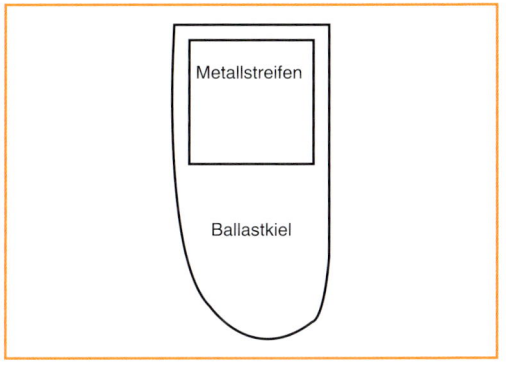

Das Metall wird oben in der Mitte platziert.

vom Balsaholz), und kleben Sie die beiden Kielhälften zusammen. Das Metall gibt dem Kiel das nötige Gewicht.

Schleifen Sie nach dem Trocknen des Klebers die Seiten des Kiels zu den Kanten schmäler. Sägen Sie einen Schlitz entsprechend der Form des Kiels in den Boden des Schiffes. Die Position des Kiels entnehmen Sie der Zeichnung auf Seite 73. Kleben Sie den Kiel in den Schlitz, und stellen Sie den Rumpf in den zuvor gebauten Ständer.

Ständer fürs Segelboot

Der Ständer für das Schiff wird aus Rundhölzern gebaut: Sägen Sie vier 18 cm lange Stäbe für die senkrechten Stützen und zwei Querstreben mit 11 cm und zwei Querstreben mit 15 cm Länge. Schrauben Sie die Querstreben mit kleinen Schrauben an die Stützen. Die kürzeren Querstreben liegen 13 cm überhalb des Bodens, die längeren 6 cm.

Nun werden vier Nylonseile zwischen die Stützen gespannt (→ Abbildung oben rechts). Die oberen dienen als Auflage für den Rumpf. Drehen Sie dafür senkrechte Schrauben in die Stützen, und knoten Sie das Seil unter die Schraubköpfe. Danach drehen Sie die Köpfe fest in das Rundholz.

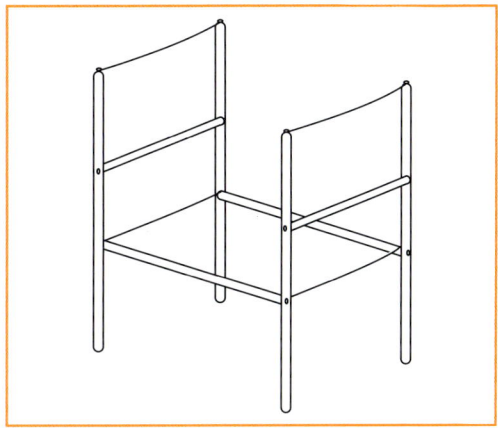

Das Gestellt bauen Sie aus Rundhölzern und Seilen.

Befestigung des Ruders

Sägen Sie das Dreieck für die Halterung des Ruders aus 3 mm starkem Sperrholz als Dreieck nach den Maßen der Zeichnung auf Seite 73 aus, ebenso das Ruder selbst. Fixieren Sie das Ruder an der Halterung mit zwei Scharnieren.

Nun bringen Sie am Ruder die Halterung für den Draht des Lenkservos an: Schneiden Sie aus Alublech einen 1 cm breiten und 3 cm langen Streifen, den Sie im rechten Winkel 1 cm breit abwinkeln (→ Abbildung unten). Bohren Sie mit einem dünnen Bohrer an die Enden beider Schenkel mittig ein

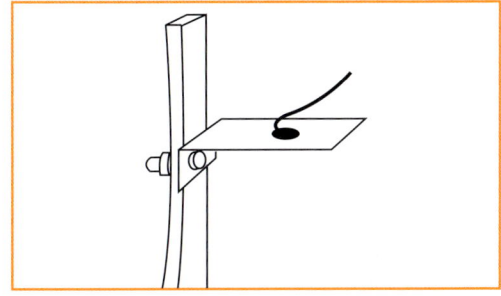

An dieser Halterung wird der Lenkservo-Draht befestigt.

Dieses Detailfoto zeigt alle Teile des Ruders.

Loch. Den kurzen Schenkel schrauben Sie auf eine Seite des Ruders (auf Zeichnung Seite 73 mit einem Punkt gekennzeichnet). Sägen Sie mit der Laubsäge in den Heckspiegel eine mittige Nut, in die das Dreieck für die Halterung geklebt wird. Fixieren Sie es von der Innenseite des Heckspiegels mit einigen kleinen Schrauben.
Markieren Sie auf dem Heckspiegel den Punkt, durch den der Draht zum Lenkservo geführt wird. Bohren Sie das Loch, und stecken Sie einen etwa 13 cm langen Draht durch. Auf der Ruderseite formen Sie mit der Rundzange eine kleine Öse und hängen diese in dem Loch des Aluwinkels ein. Biegen Sie die Öse fest mit der Zange zu. Schneiden Sie den Draht über der Mitte des Ruderservos ab, und biegen Sie ihn im Winkel nach unten, wo Sie ihn in ein Loch des Ruderservos stecken (→ Foto Seite 76).

Herstellung der Ruderpinne

Für die Ruderpinne sägen Sie ein Vierkantholz (5 x 5 mm) mit 12 cm Länge ab. Schleifen Sie die Kanten glatt. Formen Sie aus einem 0,5 cm breiten und 3,5 cm langen Alublech ein 5 mm breites U, und schieben Sie dieses mit 5 mm Abstand zur Querkante über ein Ende des Vierkantholzes (→ Abbildung unten). Kleben Sie das Blech seitlich fest. Nun stecken Sie die Pinne über das nach oben stehende Ende des Ruders.

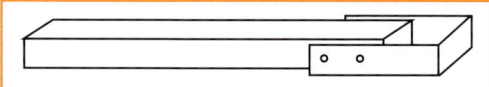

Das Metallblech kleben Sie auf ein Ende der Pinne.

Das Deck des Segelboots

Den Rumpf verschließen Sie mit Balsaholz und formen so das Deck: zunächst am Bug, dann an den Seiten und zum Schluss am Heck.

Abdeckung des Bugs

Sägen Sie für die Abdeckung des Bugs ein Dreieck, das bis an den Mast heranreicht und somit 23 cm lang ist. Die Breite passen Sie der Form des Rumpfs an.

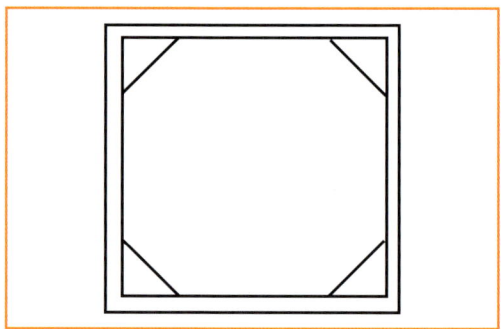

Der Lukendeckel wird mit Dreiecken aus Balsaholz verstärkt.

Zeichnen Sie auf diesem Dreieck mittig einen Einschnitt für eine 5 x 7 cm große Luke, damit Sie problemlos den Akku wechseln können. Sägen Sie die Luke sorgfältig mit der Laubsäge heraus, denn Sie wird als Abdeckung für die Luke noch gebraucht: Verstärken Sie den Rand des Deckels 1 cm hoch mit einem Rahmen aus Balsaholz, der bündig darunter geklebt wird. In die Ecken kleben Sie (→ Abbildung Seite 78 unten) kleine Dreiecke mit 1 cm Schenkellänge. Die Außenseite des Rahmens furnieren Sie mit 4 mm breiten Mahagonie-Streifen.

Seitliche Abdeckung

Zeichnen Sie für die seitliche Abdeckung die Form des Rumpfs vom Masten bis zum Heck auf Papier. Am besten geht das, indem Sie den umgedrehten Rumpf auf Papier legen und die äußere Kontur aufzeichnen. Ziehen Sie parallel dazu eine Linie mit 2,5 cm Abstand nach innen. Sägen Sie diese Form zweimal aus Balsaholz aus. Kleben Sie das Balsaholz auf den Rumpf, und schleifen Sie alles nach dem Trocknen des Leimes glatt.

Abdeckung des Hecks

Die Abdeckung des Hecks kann jederzeit wie ein Deckel abgenommen werden. Als vordere Auflage des Deckels kleben Sie zunächst ein Vierkantholz (10 x 10 mm) direkt unter die seitliche Abdeckung zwischen die Rumpfseiten. Es liegt in 12 cm Entfernung vom Heckspiegel. Messen Sie an dieser Stelle die Rumpfbreite aus, und sägen Sie das Holz entsprechend zu.
Nun sägen Sie die Abdeckung aus Balsaholz aus: Die Länge beträgt 12 cm, die Breite ergibt sich aus dem Abstand zwischen den Leisten der seitlichen Abdeckung. Sicherheitshalber können Sie auch erst

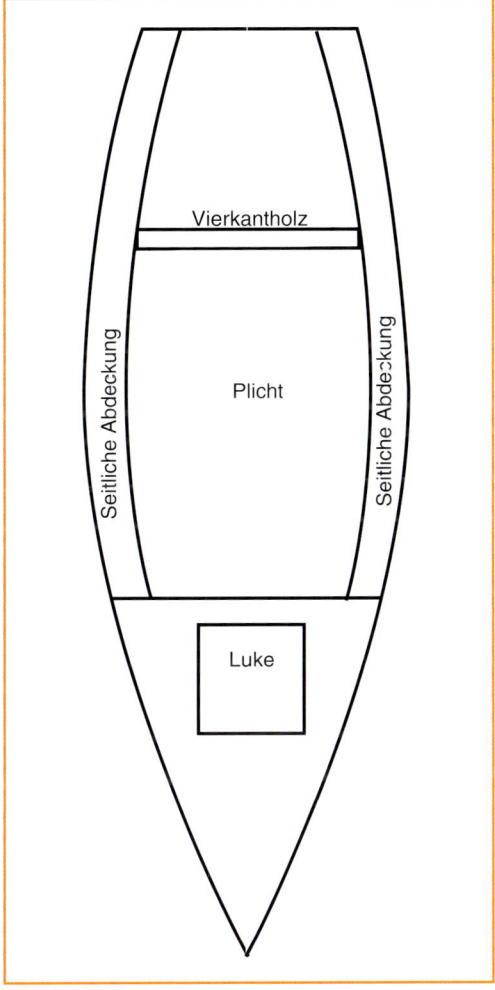

Der Rumpf wird mit Balsaholz abgedeckt. Den tieferen Teil zwischen Bug und Heck, in dem die Crew sitzt, nennt man Plicht.

eine Abdeckung aus Papier ausschneiden und ausprobieren, ob sie passt.
Leimen Sie auf die untere Seite der Abdeckung aus Balsaholz einen Rahmen aus 5 mm breiten Vierkanthölzern. Beachten Sie dabei, dass die vordere Rahmenleiste wegen des Vierkantholzes um 1 cm nach hinten versetzt werden muss.

Segelboot »Julia«

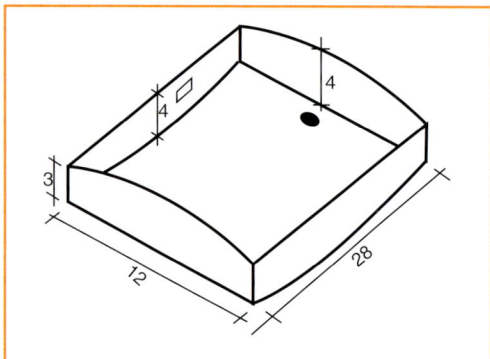

Die Plicht wird nach diesen Maßen gesägt.

Zwischen Bug und Heck

Für das tiefer liegende Deck zwischen Bug und Heck (die Plicht) bauen Sie nun einen Kasten, der zwischen den seitlichen Abdeckungen liegt. Die vordere und hintere Kante des Kastens ist gerundet: An den Seiten beträgt seine Höhe 3 cm, in der Mitte 4 cm (→ Abbildung oben). Die exakte Länge und die Breite des Kastens messen Sie am Rumpf aus.

Sägen Sie auf einer Seite dieses Kastens die Aussparung für den Schalter der Fernsteuerung heraus. Im vorderen Bereich des Bodens sägen Sie ein Loch mit 1 cm Durchmesser für den Mast heraus.

Furnier und Anstrich

Furnieren Sie den Boden des Kastens abwechselnd mit 7 mm breiten Streifen aus Abachi- und Mahagonifurnier. Die Seitenwände furnieren Sie mit 5 mm breiten Streifen aus Mahagonifurnier. Dafür streichen Sie den Untergrund mit Holzleim ein und legen die Furnierstreifen dicht an dicht darauf. Die Enden schneiden Sie mit einem Cutter ab. Setzen Sie den Schalter mit den angeschlossenen Kabeln in die Aussparung, und kleben Sie den Kasten bündig unter die seitliche Balsaholzabdeckung.

Nun furnieren Sie das vordere und hintere Deck mit 5 mm breiten Mahagoniefurnierstreifen einschließlich der Lukenabdeckungen. Ist der Leim des vorderen Lukendeckels getrocknet, biegen Sie aus zwei 6 cm langen Messingdrähten Griffe, die 5 mm hoch rechtwinklig abgebogen sind. Bohren Sie für diese Griffe Löcher, die mittig ausgerichtet sind und dicht neben den Längskanten der Lukenabdeckung liegen (→ Foto Seite 87). Tropfen Sie Kleber in die Löcher, und stecken Sie die Griffe hinein.

Das Boot wird bis zur Kielwasserlinie mit Bootslack gestrichen, unterhalb dieser wird es weiß lackiert.

Aufstellung des Masts

Sägen Sie in ein Ende des Masts mit 1,5 cm Abstand zum Ende einen 1,5 cm langen Schlitz (→ Abbildung unten). Über diesem Schlitz bohren Sie in gleicher Richtung ein dünnes Loch und stecken einen Messingdraht hindurch, den Sie an beiden Enden zu einer Öse ausformen. Kleben Sie den Draht im Masten mit Sekundenkleber fest.

Nun biegen Sie – oberhalb der Öse – zwei 4 mm breite und 3 cm lange Alustreifen mittig um den Masten und pressen und

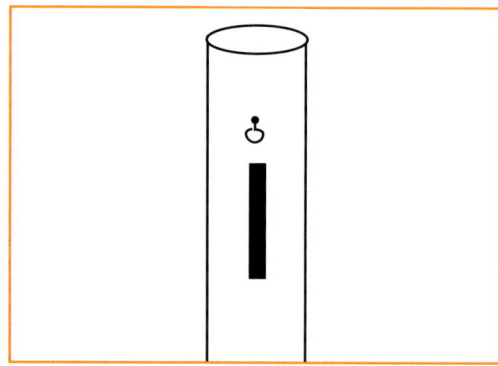

Der Mast erhält am oberen Ende einen Schlitz und darüber eine kleine Öse.

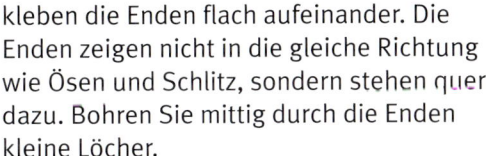

So werden die Alustreifen um den Masten gebogen.

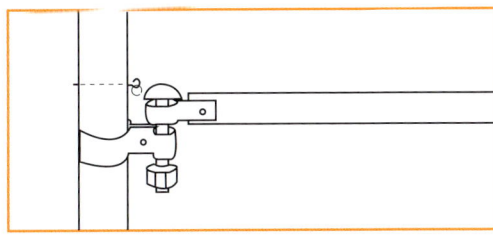

Am Lümmelbeschlag wird der Großbaum befestigt.

kleben die Enden flach aufeinander. Die Enden zeigen nicht in die gleiche Richtung wie Ösen und Schlitz, sondern stehen quer dazu. Bohren Sie mittig durch die Enden kleine Löcher.

Stellen Sie den Mast in das dafür vorgesehene Loch, eine Öse bzw. der Schlitz zeigen zum Bug. Hängen Sie in die Löcher vom Alustreifen jeweils einen großen Messingring (→ Kasten).

Lümmelbeschlag biegen

Mit dem Lümmelbeschlag, eine Art Scharnier, wird der Großbaum am Mast befestigt. Dafür schneiden Sie zwei 6 cm lange und 7 mm breite Streifen aus Alublech zu. Den oberen Streifen (→ Abbildung rechts oben)

biegen Sie mittig um eine Schraube mit 3 mm Durchmesser und 2 cm Länge – und zwar direkt unter dem Schraubenkopf. Kleben Sie die Streifenenden direkt nach der Rundung 7 mm lang aufeinander. Dann werden sie rechtwinklig 5 mm breit auseinander und dann erneut im rechten Winkel gebogen. Zwischen diesen beiden Schenkeln wird später der Mastbaum (das Rundholz des großen Segels) befestigt.

Den zweiten Streifen unterhalb des ersten biegen Sie genauso um die Schraube. Drehen Sie von unten eine Mutter auf. Die Enden dieses Streifens kleben Sie direkt nach der Rundung 7 mm lang aufeinander. Biegen Sie sie dann in 7 cm Höhe über Deck um den Mast, und kleben Sie sie dort fest. Bohren Sie ein kleines Loch durch die Alustreifen zwischen Schrauben und Mast, und hängen Sie einen kleinen Messingring ein. Etwa 1 cm über dem Lümmelbeschlag bohren Sie ein kleines Loch in Längsrichtung des Schiffes durch den Masten. Formen Sie an einem 3 cm langen Messingdraht eine kleine Öse. Stecken Sie den Draht durch die Bohrung, die Öse zeigt zum Heck. Kleben Sie den Draht in der Bohrung fest, und schneiden Sie ihn am Mast vorne ab. Hängen Sie in die Öse einen großen Messingring.

Messingringe drehen

Für die Takelage brauchen wir große und kleine Messingringe, von denen Sie gleich eine größere Menge auf einmal herstellen können.

Die großen Ringe werden um ein Rundholz mit 8 mm Durchmesser gedreht: Wickeln Sie ein Stück Messingdraht spiralförmig und so oft Sie wollen um das Holz. Die Wicklungen sollten dicht nebeneinander liegen. Schneiden Sie nun die einzelnen Ringe auseinander, und drücken Sie sie flach.

Die kleinen Ringe formen Sie mithilfe eines Rundholzes von 5 mm Durchmesser.

Segelboot »Julia«

Dieses Foto zeigt alle Teile, die am unteren Teil des Masts befestigt werden.

Befestigung des Masts

Der Mast wird am Deck mit drei Beschlägen befestigt (→ Foto oben). Für den Beschlag unten am Fuß schneiden Sie aus Alublech einen 4 cm langen und 2 cm breiten Streifen aus. In die Mitte des Streifens schneiden Sie eine Aussparung für den Mast. Dieses Blech kleben Sie auf den Boden um den Mast.

Für die beiden anderen Beschläge darüber schneiden Sie zwei 6 cm lange und 1 cm breite Streifen aus Alublech. Bohren Sie an beiden Enden mit 1 cm Abstand zueinander je zwei kleine Löcher. Die Mitte der Streifen biegen Sie mit der Rundzange zur Rundung, die um den Mast gelegt wird. Neben dem Mast liegen die Streifen plan an der Wand an und werden dort mit kleinen Schrauben durch die Löcher fixiert.

Segel zuschneiden

Schneiden Sie die Segel nach den Maßen der Zeichnung aus weißem Leinen mit rundum 5 mm Nahtzugabe zu. Außerdem einen Streifen mit 11 x 2 cm und einen mit 18 x 2 cm für die Lattentaschen. Hier werden später zur Verstärkung des Großsegels zwei schmale Leisten eingeschoben. Bügeln Sie die Kanten beider Segel 5 mm breit um, und fixieren Sie sie mit Stoffkleber auf einer Stoffseite. Die Kanten beider Lattentaschen werden ebenfalls 5 mm breit auf eine Stoffseite umgebügelt. Steppen Sie sie schmalkantig auf das Hauptsegel, die Lage entnehmen Sie der Zeichnung unten. Stecken Sie dünne Balsaholzstäbchen zur Verstärkung in die Tunnel. Beschriften Sie das Großsegel mit Filzstift.

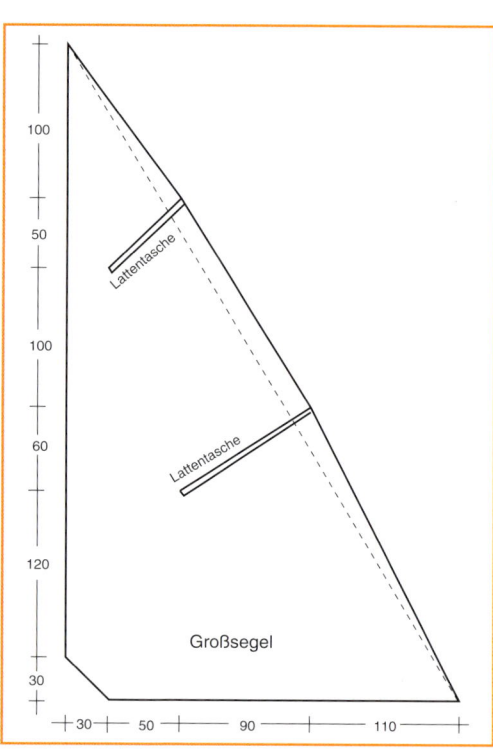

Das Großsegel hat zwei Lattentaschen.

Ringe für die Segel

Formen Sie aus Messingdraht 13 Ringe mit
8 mm Durchmesser (→ Kasten). Für das
kleine Segel benötigen Sie noch zehn Ringe
mit 5 mm Durchmesser. Hängen Sie sieben
der großen Ringe in die untere Kante des
Großsegels, die Abstände sollten möglichst
gleich sein. Stechen Sie die Löcher im
Leinen mit einem dünnen Nagel vor. Die
übrigen großen Ringe hängen Sie auf die
gleiche Weise in die untere Kante des Vorsegels. Die kleineren Ringe hängen Sie in
die Schräge des Vorsegels.

Herstellung der Blöcke

Die Seile werden durch in Gehäusen befes-
tigte Rollen geführt, den so genannten Blö-
cken. Für unser Boot brauchen wir sechs

*Unten sehen Sie einen doppelten Block,
oben einen einfachen.*

einfache Blöcke (mit jeweils einer Halterung) und drei doppelte Blöcke (mit zwei
Halterungen).
Schneiden Sie 7 mm breite Alublechstreifen
zurecht. Pro einfachen Block brauchen Sie
zwei 2,5 cm lange Streifen. Kleben Sie die
Streifen an einem Ende 1 cm breit aufeinander, und bohren Sie danach die Löcher
nach den Maßen der Zeichnung (→ Abbildung Seite 84). Biegen Sie nun die Streifen
entsprechend der Abbildung so weit auseinander, dass eine Rolle locker dazwischen passt.
Die Rollen sägen Sie aus Rundholz mit
12 mm Durchmesser aus. Feilen Sie zuerst
eine Nut in das Rundholz, und sägen Sie
danach die Scheibe ab: So lässt sie sich
besser halten. Sägen Sie mittig ein Loch für
die Achse, und stecken Sie einen kleinen
Nagel als Achse durch. Hängen Sie die

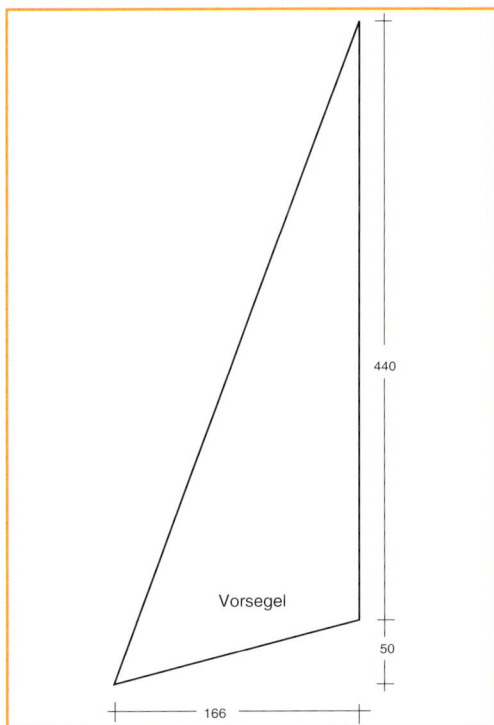

Das Vorsegel ist ein einfaches Dreieck.

(Bemaßung: 440, 50, 166, Vorsegel)

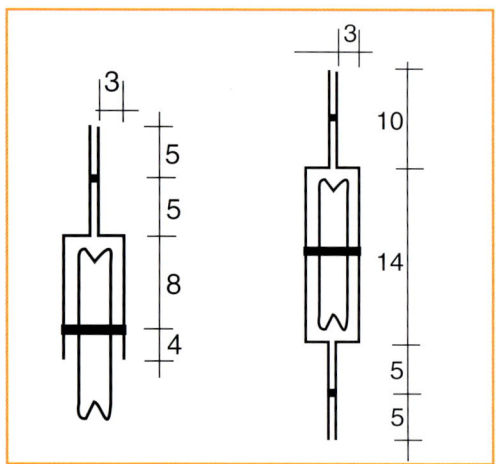

Es werden einfache (links) und doppelte Blöcke (rechts) benötigt.

Rolle beweglich zwischen die Alustreifen. Die Nägel kleben Sie mit Sekundenkleber im Alustreifen fest.

Für einen doppelten Block brauchen Sie zwei 4 cm lange und 7 mm breite Alustreifen. Legen Sie die Streifen aufeinander, und bohren Sie in der Mitte für die Achse und am Anfang und am Ende jeweils ein Loch durch beide Streifen. Biegen Sie die Streifen entsprechend der Abbildung. Kleben Sie sie an den Stellen, wo sie aufeinander liegen, zusammen. Hängen Sie die Rolle mit einem kleinen Nagel zwischen die Aluwinkel, und kleben Sie die Achse am Alustreifen fest.

Zuletzt hängen Sie in die Bohrungen aller Blöcke Messingringe ein.

Beschläge zur Befestigung der Blöcke am Deck

Zur Befestigung der Blöcke auf dem Deck benötigen Sie vier 3 cm lange und 7 mm breite Alustreifen. Biegen Sie einen Streifen in der Mitte, und winkeln Sie dann die Enden 7 mm breit nach außen, sodass ein

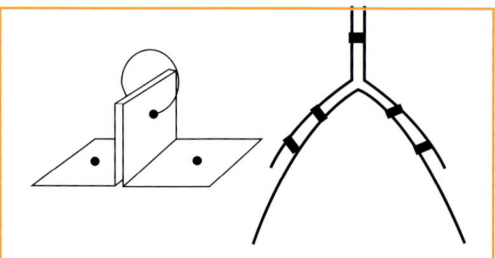

Beschläge am Deck (links) und am Bug (rechts) dienen zur Befestigung der Blöcke.

liegendes T ensteht (→ Abbildung oben rechts). Bohren Sie in die waagrechten und senkrechten Flächen mittig ein Loch, und kleben Sie die senkrechten Flächen aufeinander. Biegen Sie auch die anderen drei Streifen auf diese Weise zurecht.

Schrauben Sie einen Beschlag auf die seitliche Abdeckung an der mit 1 bezeichneten Stelle (→ Zeichnung Seite 73). Einen zweiten Beschlag schrauben Sie in gleicher Höhe auf die gegenüberliegende Seite. Hängen Sie in jedes Loch einen kleinen Messingring, an dem ein doppelter Block hängt.

Beschlag an der Spitze des Bugs

Auch an der Bugspitze benötigen wir einen Beschlag, in den ein Block eingehängt werden kann. Auf dem Foto auf Seite 87 ist er gut zu erkennen. Schneiden Sie dafür zwei 7 mm breite und 3 cm lange Streifen. Kleben Sie die Streifen beidseitig der Bugspitze auf; beide Enden ragen dabei 7 mm über die Spitze (→ Abbildung oben). Kleben Sie sie aufeinander, und bohren Sie mittig ein Loch. In dieses Loch hängen Sie einen Messingring mit einfachem Block (Punkt 3 in der Zeichnung auf Seite 73). An das andere Ende des Blocks hängen Sie eine 2 cm lange Messingkette aus kleinen Ringen, an deren Ende ein großer Ring hängt.

Rundhölzer von Vor- und Großsegel

Bohren Sie in das dünne Rundholz des Vorsegels in beide Enden Löcher für die Messingringe. In das dickere Rundholz des Großsegels bohren Sie nur in das hintere Ende ein Loch. Durch dieses Loch stecken Sie einen Messingdraht, dessen Ende zu einer kleinen Öse geformt ist (→ Abbildung unten). Kleben Sie den Draht fest.

Mit 8 cm Abstand biegen Sie einen Alustreifen um das Rundholz und kleben die Enden aufeinander. Bohren Sie ein Loch durch, und hängen Sie mit einem Messingring einen einfachen Block (10) ein.

Hängen Sie nun das Vor- und Großsegel mit den Ringen an die Rundhölzer. Beim Vorsegel werden der erste und letzte Ring durch die Bohrungen gesteckt.

Aufhängung der übrigen Blöcke

Hängen Sie mit einer 2 cm langen Kette einen einfachen Block (4) an der vorderen Öse am oberen Mastende ein.

Schrauben Sie auf den Decksboden – genau unter Block 10 – einen der verbliebenen Beschläge. Hängen Sie hier mit einem Messingring einen doppelten Block (2) ein.

Schrauben Sie an der mit 5 bezeichneten Stelle, also genau vor dem Mast, den letzten Beschlag aufs Vordeck. Hängen Sie einen einfachen Block (5) ein. Die restlichen beiden Blöcke werden später eingehängt.

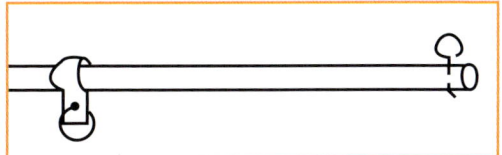

Der Großbaum erhält einen Aluring und eine Öse.

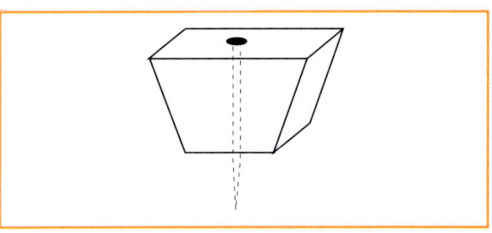

Die Klampen werden aus Holz gefertigt.

Klampen zusägen und befestigen

Die losen Enden der Seile werden an so genannten Klampen befestigt. Wir brauchen insgesamt acht davon: Sägen Sie aus Fichtenholz acht Trapeze (→ Abbildung oben), die an der oberen Kante 17 mm und an der unteren Kante 7 mm breit sind. Ihre Höhe beträgt 1 cm.

Leimen Sie sie an den mit Kleinbuchstaben gekennzeichneten Stellen fest. Vier kommen auf die beiden seitlichen Abdeckungen: die zwei a-Klampen jeweils vor die Halterung von Block 1, die zwei b-Klampen vor die Heckabdeckung. Die Klampen c bis f werden am Mast befestigt (→ auch Foto Seite 82): c und d vorne und hinten am Mast, e und f (etwas tiefer als c und d) links und rechts. Fixieren Sie alle Klampen mit einem Messingstift im Holz.

Das Großsegel setzen

Kleben Sie das vordere Ende des Großbaums zwischen die dafür vorgesehene Öffnung des Lümmelbeschlags.

Knoten Sie das Ende vom Nylonseil in die Öse überm Lümmelbeschlag (7). Ziehen Sie das Seil gerade nach oben und durch den Schlitz (von hinten nach vorne) am oberen Ende des Masts. Weiter geht es nach unten zu Klampe c, wo das Seil über Kreuz festgewickelt wird. (Knotenprofis befestigen es mit einem Kopfschlag.) Kleben Sie mit Stoffkleber die senkrechte Kante des

So werden am Mastende die Seile geführt.

Großsegels (Mastliek) auf dem Seil fest. Knoten Sie ein dünnes Baumwollseil in die gleiche Öse (7). Ziehen Sie es zur Öse am Ende des Rundholzes (8), und knoten Sie es am Schothorn (hinterer Zipfel des Segels) fest. Zurück geht es durch Ring 7 nach unten zu Klampe d, wo Sie es mit Kreuzwicklungen befestigen.

Ein zweites dünnes Seil ziehen Sie straff von Klampe d zum oberen Mastende durch Öse 9 und von dort zu Öse 8. Hier fest verknoten.

Knoten Sie ein Nylonseil in den oberen Messingring von Block 2 am Decksboden. Ziehen Sie es über die Rolle von Block 10, nach unten über die Rolle 2 und von dort zur Klampe b auf einer Decksseite: Wickeln Sie es dort über Kreuz fest.

Knoten Sie beidseitig jeweils ein Nylonseil in die Ringe am oberen Ende des Masts. Das untere Seilende reicht jeweils bis auf Höhe des Großbaums, wo Sie auf beiden Seiten einen Block 6 einhängen. Knoten Sie in den oberen Ring von Block 1 ein Nylonseil. Führen Sie es über die Rolle von Block 6 nach unten über die Rolle von Block 1, und befestigen Sie es an Klampe a.

Das Vorsegel setzen

Wickeln Sie das Ende eines Nylonseils mit Kreuzwicklungen um Klampe a, führen Sie es durch die Rolle von Block 3 am Bug. Fädeln Sie es von unten nach oben durch die kleinen Messingringe des Vorsegels, und knoten Sie es an der vorderen Öse (9) am oberen Mastende fest.

Knoten Sie ein Nylonseil in den obersten Ring des Vorsegels, führen Sie es durch die Rolle von Block 4 nach unten zu Klampe c. Fixieren Sie es dort mit Kreuzwicklungen. Knoten Sie ein Nylonseil in den letzten Ring am Rundholz (nicht an der Bugspitze, sondern auf der anderen Seite). Führen Sie das Seil über die Rolle von Block 5 zur Klampe e, wo Sie es befestigen.

Paddel und Paddelhalterung

Was macht die Crew, wenn der Wind nachlässt und nicht mehr ausreichend die Segel füllt? Sie greift zum Paddel: Sägen Sie aus Balsaholz ein 8 cm langes Paddel aus. Runden Sie die Kanten ab, schleifen Sie alles glatt, und bestreichen Sie das Paddel mit Bootslack.

Für die Halterung des Paddels benötigen Sie zwei Alustreifen (1 cm x 3 cm), die Sie wie auf der Abbildung unten biegen. Bohren Sie ins untere Ende ein Loch, und schrauben Sie die Halterung am Holz fest.

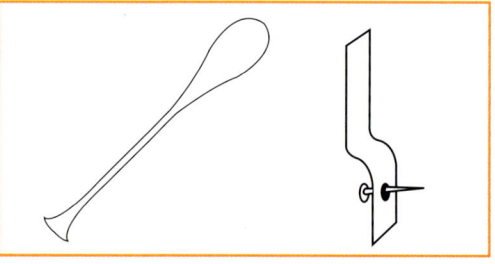

Das Paddel (links) wird zwischen zwei Halterungen (rechts) geklemmt.

Sonnenuhr

Material

- **Verschiedenfarbige Fliesen**
- **Fugengips**
- **Schale (z. B. Untersetzer aus Ton),
  40 cm Ø, mindestens 5 cm hoch**
- **Metallrohr, 4 mm Ø, 20 cm lang**
- **Strukturschnee**

Werkzeug

- **Hammer**
- **Sack**
- **Behälter zum Anrühren des Gipses und
  Rührstab**
- **Kurze Holzleiste (irgendein Rest)**
- **Gerader Stab, mindestens 50 cm lang**
- **Kompass oder Uhr mit Ziffernblatt**
- **Pinsel**
- **Bleistift**

Zum Ausprobieren

*Sie können die Sonnenuhr auch auf jedem anderen Gegenstand
im Garten oder auf dem Balkon anbringen. Auf manchen alten
Häusern und Kirchen findet man sie einfach an die Hauswand
gemalt. Entsprechend dem Können des Ausführenden sind sie
mehr oder weniger kunstvoll ausgestaltet.*

Einen Platz an der Sonne und einen Ehrenplatz in Ihrem Garten hat diese dekorative Sonnenuhr auf jeden Fall verdient. Das Ziffernblatt ziert ein Mosaik, auf dessen Scherben die Ziffern aufgebracht sind.

So wird's gemacht

Zuerst müssen Sie die Mosaiksteinchen vorbereiten: Falls die Fliesen nicht schon gebrochen sind, legen Sie sie in einen Sack und zerklopfen sie vorsichtig mit dem Hammer. Mischen Sie den Fugengips als zähflüssige Masse an, und schütten Sie ihn in die Schale.

Ein Mosaik legen

Streichen Sie die Oberfläche des Gipses mit der Längskante einer Holzleiste glatt. Legen Sie nun die Mosaikfliesen als Muster oder willkürlich verteilt in die Schale. Bevor der Gips vollständig trocken ist, ermitteln Sie den Mittelpunkt der Schale und legen durch den Mittelpunkt von einem Schalenrand zum anderen einen geraden Stab: Das ist die Nord-Süd-Ausrichtung. Markieren Sie Norden und Süden auf dem Rand der Schale mit Bleistift. Nun stecken Sie das Metallrohr als Zeiger mit einem 60-Grad-Winkel in den Mittelpunkt der Schale. Das obere Ende zeigt exakt nach Norden.

Einteilung in Stunden

Stellen Sie an einem sonnigen Tag die Schale waagrecht im Freien auf, die Nord-Süd-Ausrichtung der Schale muss der Himmelsrichtung entsprechen. Sollten Sie diese nicht genau kennen, gibt es einen einfachen Trick, sie ohne Kompass herauszufinden:

Nehmen Sie Ihre Uhr, und drehen Sie sie in horizontaler Lage so, dass der kleine Zeiger auf die Sonne gerichtet ist. Genau zwischen dem kleinen Zeiger und der Ziffer 12 liegt Süden.

Markieren Sie nun stündlich mit Bleistift den Schnittpunkt des Zeigerschattens mit dem Schalenrand, und notieren Sie die Stundenziffer dazu. Übertragen Sie die Ziffern mit Strukturschnee an der entsprechenden Stelle auf das Fliesenmosaik.

Wahre Zeit und mittlere Zeit

Die wahre Zeit würde eine Uhr anzeigen, wenn um zwölf Uhr tatsächlich die Sonne an ihrem höchsten Punkt stünde. Unsere Uhren geben dagegen immer nur die mittlere Zeit an – also die Uhrzeit der Zeitzone, in der wir uns befinden. Diese Zonen umfassen jedoch ein weites Gebiet: An seinem östlichen Rand wird die Sonne ihren Höchststand zu einem früheren Zeitpunkt erreichen als am Westende. Bevor 1893 das Zeitzonensystem eingeführt wurde, gab es eine Fülle verschiedenster Ortszeiten. Vor allem die Eisenbahngesellschaften drängten darauf, die Zeiten zu vereinheitlichen – auch wenn sie dadurch ein wenig von der wahren Zeit abwichen.

Rollenwechsel: Statt schwerer Bretter tragen diese Regal-träger ein schnittiges, wind-getriebenes Gefährt.

Strandsegler

Material für das Fahrgestell

- 2 blaue Regalträger mit 20 cm Schenkellänge
- 2 schwarze Regalträger zum Einhängen, 52 cm lang
- Gewindestange, 12 mm Ø, 1 m lang
- 8 Muttern, 12 mm Ø
- 4 Muttern, 12 mm Ø, 4 cm lang
- 4 Schrauben, 8 mm Ø
- Alurohr, 2 cm Ø, 17 cm lang
- 2 Alurohre, 2 cm Ø, 14 cm lang
- 2 Räder, 9 cm Ø
- 1 Rad, 7 cm Ø
- 2 Zugfedern, 15 mm Ø, ca. 8 cm lang
- 2 Zugfedern, 7 mm Ø, ca. 6 cm lang
- Aluband, 5 x 25 x 0,3 cm
- 6 Kreuzschlitzschrauben mit passenden Muttern
- 2 Flügelschrauben mit Muttern
- 1 Stück biegsamen Kunststoff, 26 x 33 x 3 cm (Sie können auch extra starkes Moosgummi oder eine alte Isomatte nehmen.)

Material für das Segel

- Je 1 Streifen Spinakergewebe in Rot, Orange, Gelb, Grün und Blau, je 14 cm breit und 101 cm lang
- Alurohr, 2 cm Ø, 101 cm lang
- 2 Alurohre, 5 mm Ø, 74 cm lang
- Alurohr, 7 mm Ø, 60 cm lang
- 2 Nieten, 7 mm Ø
- 1 Niete, 2 cm Ø
- 1 Metallstift, 3 mm Ø, ca. 3 cm lang
- Zweikomponentenkleber

Werkzeug

- Eisensäge
- Schere
- Bohrmaschine
- Nietvorrichtung
- Nähmaschine
- Metallfeile
- 2 Schraubzwingen
- Zollstock
- Wasserlöslicher Filzstift

Kaum zu glauben, welch ein Tempo die Fahrer von richtigen Strandseglern erreichen können – vorausgesetzt, eine kräftige Brise füllt die Segel. Unser kleines Modell hat es aber
auch in sich: Probieren Sie es selbst aus!

So wird's gemacht

Vier Regalträger dienen als Gestell, an das
die Radachsen montiert werden. Darauf
wird das Segel – auch dieses Marke Eigen-
bau – gesetzt.

Fahrgestell aus Regalträgern
Legen Sie einen schwarzen auf einen blau-
en Regalbodenträger, sodass der schwarze
5 cm Abstand zum senkrechten Schenkel
des blauen hat. Bei beiden zeigt das ur-
sprüngliche Wandstück nach oben. Die

Unterkanten liegen dabei bündig übereinander. Halten Sie sie mit einer Schraubzwinge zusammen.
Bohren Sie für die Radachse mit 7 cm Abstand zum senkrechten blauen Schenkel
und 3 cm Abstand zur Unterkante ein Loch
mit 13 mm Durchmesser durch beide Regalbodenträger.
Die beiden anderen Regalträger werden auf
dieselbe Weise zusammengehalten und mit
einer Bohrung versehen.

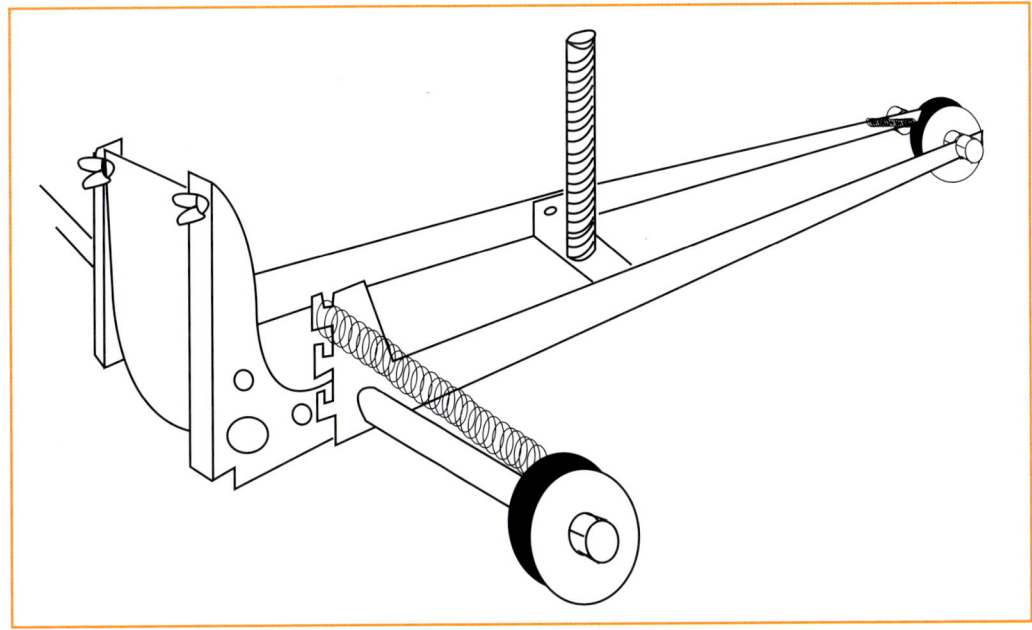

An den Regalträgern werden die Radachsen, der Sitz und die Masthalterung befestigt.

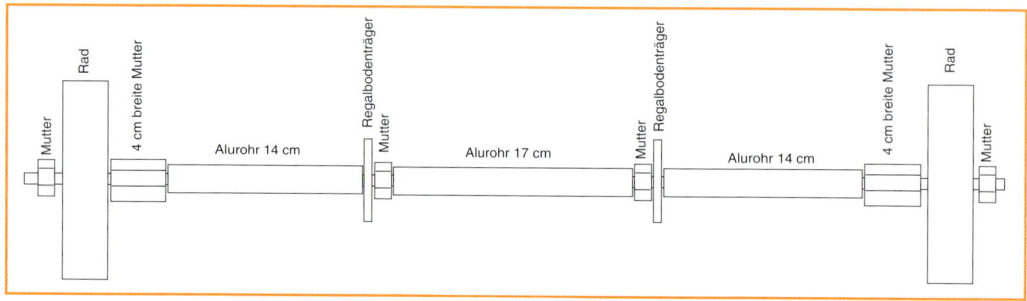

Alurohre dienen als Abstandshalter zwischen den Rädern und dem Fahrgestell.

Hintere Radachse

Sägen Sie nun von der Gewindestange ein 70 cm langes Stück ab. Stecken Sie sie von außen durch die Bohrung im Fahrgestell. Drehen Sie von der Innenseite eine Mutter so weit auf, dass zum äußeren Ende bis zur Radaufhängung 26 cm Abstand bleiben. Schieben Sie das 17 cm lange Alurohr auf die Gewindestange. Drehen Sie daneben eine zweite Mutter auf, und stecken Sie dann die gegengleich vorgebohrten Regalbodenträger darauf. Um die Träger auf beiden Seiten zu fixieren, schieben Sie nun beidseitig die 14 cm langen Alurohre darauf, Es folgen je eine 4 cm lange Mutter, ein Rad und als Abschluss eine Mutter (→ Abbildung oben).

Vordere Radachse

Sägen Sie nun von dem Rest der Gewindestange ein 14 cm langes Stück ab. Um das vordere Rad zu befestigen, schieben Sie es mittig auf die Gewindestange. Beidseitig davon drehen Sie je eine 4 cm lange Mutter auf (→ Abbildung rechts). Stecken Sie die Gewindestange direkt neben den langen Muttern unter die nach unten gerichteten Haken des Regalbodenträgers. Drehen Sie von außen auf jeder Seite eine Mutter auf, und fixieren Sie so die Achse am vorderen Teil des Fahrgestells.

Hängen Sie die beiden kleinen Zugfedern jeweils zwischen dem Rad und den langen Muttern ein. Ziehen Sie sie dann nach außen zu den Trägern. Bohren Sie ein kleines Loch dicht unter der Oberkante mit 5 cm Abstand zu den Enden der Träger, und hängen Sie dort das zweite Ende der Federn ein (→ Foto unten).

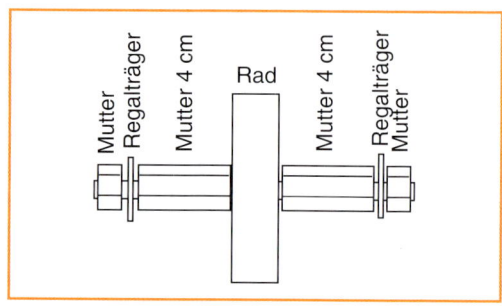

Auf diese Weise wird das Vorderrad montiert.

So werden die kleinen Federn eingehängt.

Ständer für den Mast

Für die Halterung des Segels sägen und biegen Sie sich aus dem Aluband einen Winkel zurecht (→ Abbildung unten): Bohren Sie ein 12 mm großes Loch in die Mitte des Alubandes. Halten Sie das Band mit 25 cm Abstand zu den vorderen Enden der Regalbodenträger unter die Kanten des Trägers, und zeichnen Sie mit Filzstift auf der Innenseite den schrägen Verlauf der Träger an. Ziehen Sie nun beidseitig zu dieser Schräge eine parallele Linie mit 3 cm Abstand, und sägen Sie das Band beidseitig entlang der Markierung ab. Entgraten Sie die Sägekanten mit einer Eisenfeile. Bohren Sie an den Stellen, wo die Halterung an die beiden Träger geschraubt wird, je zwei Löcher. Nun biegen Sie die Seiten der Halterung über eine rechtwinklige Kante wie z. B. dem Arbeitstisch nach oben. Stecken Sie eine 16 cm lange Gewindestange in das Loch in der Mitte, und fixieren Sie sie von oben und unten mit Muttern. Sie ragt dabei etwa 14 cm nach oben. Halten Sie den Aluwinkel zwischen die Träger, und markieren Sie mit Filzstift auf den Trägern die Lage der Bohrlöcher für die Schrauben. Bohren Sie die Löcher, und schrauben Sie die Halterung ans Gestell.

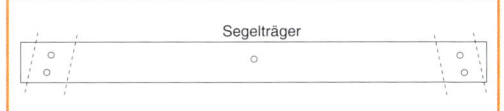

An den inneren gestrichelten Linien wird das Metall nach oben gebogen.

Befestigung des Sitzes

Schneiden Sie den Kunststoff für den Sitz entsprechend den Maßen der Schemazeichnung zu (→ Abbildung oben rechts). Legen Sie ihn gerundet zwischen die blau-

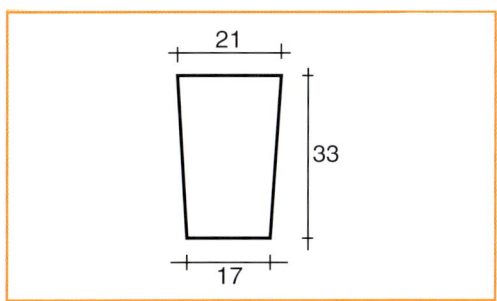

Dies sind die Maße des Sitzes.

en Regalbodenträger: Er sollte an der vorderen und oberen Kante mit den Trägern abschließen.
Bohren Sie an der vorderen rechten und linken Kante je ein Loch durch den Kunststoff und die Träger, und fixieren Sie den Sitz mit Schrauben. An der oberen Kante bohren Sie ebenfalls Löcher und drehen vom Sitz her zwei Schrauben ein, die auf der Rückseite mit Flügelmuttern fixiert werden. Hängen Sie die großen Zugfedern auf der hinteren Radachse zwischen den Alurohren und den Muttern und auf dem oberen Häkchen des schwarzen Regalbodenträgers ein (→ Foto Seite 95).

Herstellung des Segels

Nähen Sie die Streifen der Segel entlang der Längskanten mit 5 mm breiter Nahtzugabe zusammen. Versäubern Sie die Schnittkanten zusammengefasst dicht neben der Naht.
Bohren Sie für die Versteifung des Segels in das 101 cm lange Alurohr mittig und jeweils 1 cm vor den Enden ein Loch mit 7 mm Durchmesser. Die drei Löcher müssen dabei alle in die gleiche Richtung weisen. Bestreichen Sie das Rohr mit einer Linie Zweikomponentenkleber, und legen Sie es auf die rote Längskante des Segels. Drücken Sie das Spinakergewebe fest, und

wickeln Sie es um das Rohr. In das obere Ende des Rohrs wird eine Niete gesteckt. Stechen Sie das Gewebe an den Bohrstellen durch. Stecken Sie in die mittlere Bohrung das Ende des 60 cm langen Rohrs. Fixieren Sie das Rohr durch Einstecken einer Niete, und drücken Sie auch in sein anderes Ende eine Niete. Stecken Sie nun die beiden 74 cm langen Rohre in die Bohrungen an den Enden, und biegen Sie sie vorsichtig zum Ende der quer liegenden Versteifung. Dort bohren Sie für den Metallstift durch die schrägen Rohre und die quer liegende Versteifung ein 3 mm großes Loch und stecken den Metallstift durch. Die Enden biegen Sie um.

Tragen Sie Kleber auf die dem Segelgewebe zugewandten Seiten der Rohre auf, und spannen Sie das Gewebe fest darüber. Den überstehenden Stoff schneiden Sie entlang der Rohre ab. Stecken Sie das Segel auf die Gewindestange des Fahrzeugs.

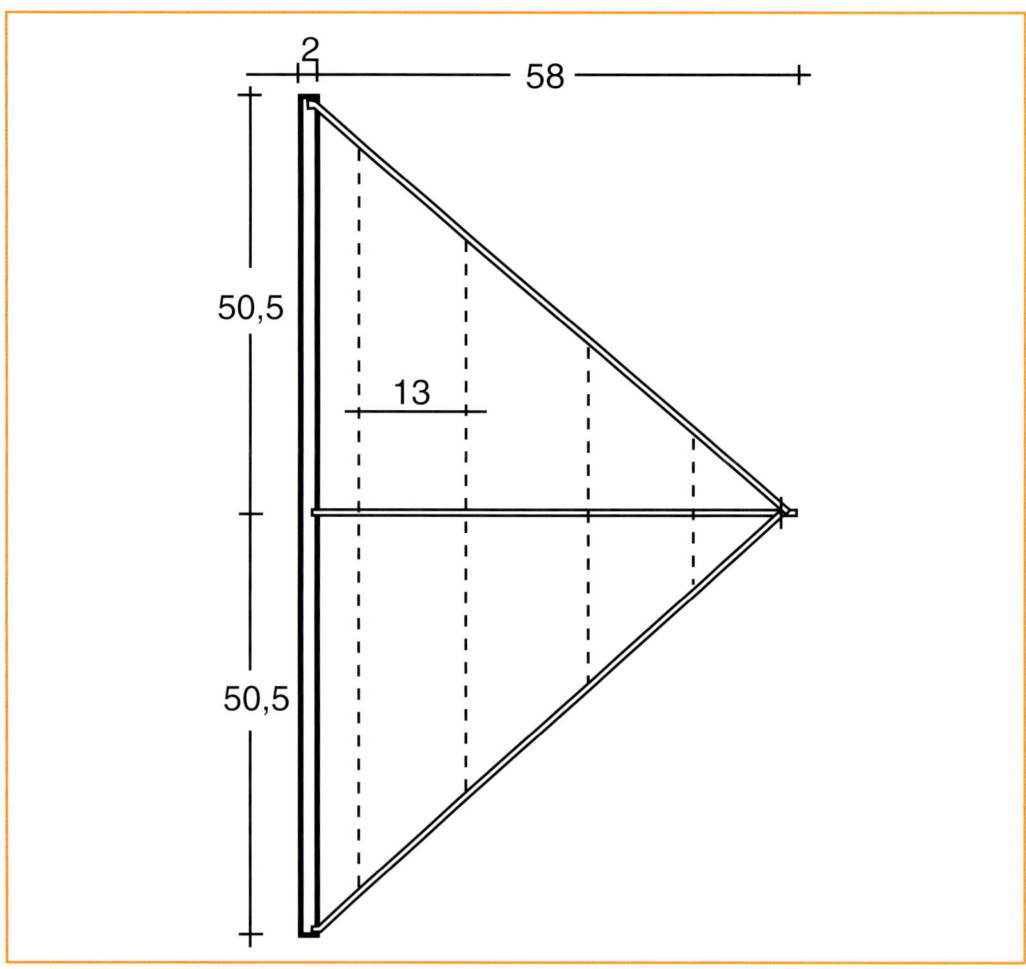

Das Segel wird an den Masten sowie an drei weitere Rohre geklebt.

Die Dachflächen der Hütte werden mit Steinchen und Moos beklebt, Fenster und Türen sind aufgemalt.

Wasserrad-Zimmerbrunnen

Material

- 0,3 cm starke Sperrholzplatten:
  - 8 x 17 cm (Wasserrad)
  - 1,5 x 24 cm (Wasserradschaufeln)
  - 7 x 6 cm, zweimal (Hüttenwände)
  - 8 x 8 cm, zweimal (Dachflächen)
  - 11 x 9 cm (Giebelseite)
- Metallwinkel, 60 x 30 mm, 40 mm breit
- Schlossschraube, 6 mm Ø, 60 mm lang
- 2 Beilagscheiben und 2 Flügelmuttern passend zur Schlossschraube
- Metall- oder Kunststoffröhrchen, 8er Innendurchmesser, 15 mm lang
- Kleine Ziersteinchen
- Dunkel- und hellgrünes Islandmoos
- Zimmerbrunnen:
  - Wasserpumpe
  - Flexibler Kunststoffschlauch, ca. 20 cm lang (Durchmesser so, dass er auf den Anschluss der Pumpe passt)
  - Schlauchklemme
- Untersetzer aus Ton oder Metall, ca. 40 cm Ø
- Rest Maschendraht
- Vlies zum Gestalten von Bergen
- Grünes Graspulver mit dazugehörigem Kleber
- 1 Sack Kieselsteine in mittlerer Größe
- Rindenstücke, kleine Äste
- Feines Schleifpapier
- Klarlack
- Braune und schwarze Acrylfarbe
- Holzstifte
- Holzleim
- Silikonkleber

Werkzeug

- Stich- oder Laubsäge
- Bohrmaschine
- Schraubzwingen
- Hammer
- Kartusche für Silikon
- Pinsel
- Zirkel
- Lineal, Geodreieck
- Bleistift

Wasserrad-Zimmerbrunnen

Unermüdlich dreht sich das Mühlrad am Ufer eines romantischen Gebirgsbachs – zumindest solange der Zimmerbrunnen eingeschaltet ist. Denn dieser pumpt Wasser auf die Anhöhe, von wo es hinabfällt und das Rad antreibt.

So wird's gemacht

Zunächst werden das hölzerne Wasserrad und die Hütte gebaut. Anschließend werden beide an das felsige Ufer eines Bachs gesetzt.

Die Einzelteile des Wasserrads

Zeichnen Sie mit dem Zirkel zwei Kreise von 8 cm Durchmesser auf die 8 cm breite Sperrholzplatte auf. Sägen Sie sie mit der Stich- oder Laubsäge aus.
Legen Sie beide Scheiben deckungsgleich übereinander, und bohren Sie in der Mitte ein Loch von 6 mm Durchmesser. Schleifen Sie die Kanten und Flächen des Holzes mit feinem Schleifpapier glatt.

Um die Lage der Schaufeln zu ermitteln, teilen Sie einen der beiden Kreise mithilfe eines Geodreiecks in acht »Tortenstücke« (→ Abbildung links unten). Präparieren Sie auf diese Weise auch die andere Scheibe. Sägen Sie vom 15 mm breiten Sperrholz acht Schaufeln von je 30 mm Länge ab. Schleifen Sie die Kanten glatt.
Bohren Sie in den längeren Schenkel des Metallwinkels mittig mit 1 cm Abstand zur Kante ein Loch.

Der Zusammenbau des Wasserrads

Kleben Sie die Schaufeln mit Holzleim auf die Markierungen einer Scheibe. Wenn der

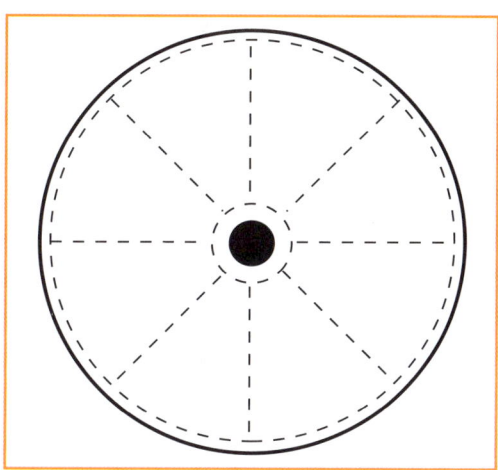

Die Strichellinien zeigen die Lage der Schaufeln an.

Das Schaufelrad ist komplett aus Holz gefertigt.

Wasserrad-Zimmerbrunnen

Kleber vollständig trocknen ist, streichen Sie alle Seiten des Wasserrads (auch die noch nicht aufgeleimte zweite Scheibe) mit Klarlack.

Bestreichen Sie nun die Markierungen der zweiten Scheibe mit Holzleim, und legen Sie diese deckungsgleich auf die Schaufeln. Um die Scheiben beim Trocknen gut aufeinander zu pressen, legen Sie auf beide Außenseiten des Mühlrads die Beilagscheiben, stecken die Schlossschraube durch, schieben das Metallröhrchen als Abstandshalter auf die Schraube und drehen eine Flügelmutter auf, dabei sind die Flügel zum Rad gerichtet. Darauf stecken Sie den Winkel und abschließend die zweite Flügelschraube (→ Abbildung links unten).

Bau der Hütte

Die Hütte hat zwei Seitenwände und eine Vorderfront, jedoch keine Rückwand. Sägen Sie aus Sperrholz zwei Seitenwände mit 7 x 6 cm, zwei Dachflächen mit 8 x 8 cm und eine Giebelseite (→ Abbildung rechts unten). Schleifen Sie die Kanten und Flächen glatt, und bemalen Sie alle Teile mit brauner Farbe. Malen Sie schwarze Fenster und Türen auf die Seitenwände.

Bestreichen Sie nach dem Trocknen die senkrechten Hauskanten der Giebelseite mit Holzleim, und stellen Sie die Seitenwände darauf. Fixieren Sie die Wände mit Schraubzwingen. Nach dem Trocknen entfernen Sie die Schraubzwingen und schlagen zusätzlich einige Nägel ein.

Stellen Sie den dreiseitigen Hauskörper auf, und bestreichen Sie die oberen Kanten der Seitenwände und die Giebelkanten mit Holzleim, außerdem jeweils eine der Kanten, wo die Dachflächen aufeinander treffen. Legen Sie die Dachflächen auf das Haus, und schlagen Sie einige Nägel zum Fixieren durch Dach und Seitenwände. Bestreichen Sie das Dach stellenweise mit Silikonkleber, und kleben Sie kleinere Steine darauf. Dazwischen kleben Sie Moos.

Das Modell aufbauen

Befestigen Sie den Schlauch auf der Austrittsöffnung der Wasserpumpe mit der Schlauchklemme. Kleben Sie die Pumpe mit ca. 10 cm Abstand zum Rand auf den Untersetzer. Dabei muss die Ansaugöffnung zum Boden gerichtet sein. Vorsicht: Die Öffnung nicht verkleben, sonst läuft später kein Wasser.

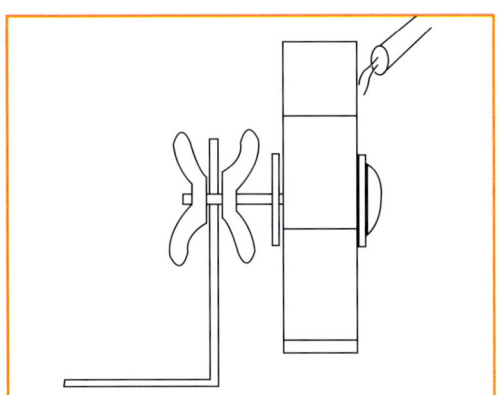

So wird das Rad am Winkel befestigt.

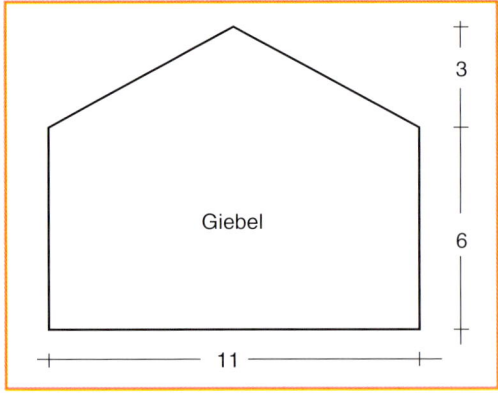

Dies sind die Maße der Giebelseite.

Die Felslandschaft wird aus Maschendraht geformt und mit einem speziellen Vlies, wie er im Modellbau verwendet wird, überzogen.

Formen Sie mit Maschendraht einen »Berg« über der Pumpe, der zum Wasserrad hin einen leichten Überhang bildet, oben abgeflacht ist und zur Vorderseite hin sanft ausläuft. Der Berg sollte etwa 11 cm hoch sein. Nun ziehen Sie den Schlauch durch den Draht, sodass das Wasser in ca. 10 cm Höhe waagrecht nach vorne austreten kann. Stellen Sie das Wasserrad mit etwa 5 cm Abstand zum Maschendrahtberg so unter den Schlauch, dass dahinter noch reichlich Platz für die Steine bleibt. Seitlich am Rand sollte genügend Platz bleiben, um das Mühlenhaus zu platzieren. Markieren Sie die Lage des Wasserrades auf dem Schalenboden mit Bleistift.

Ausgestaltung der Landschaft

Formen Sie mit dem Modellbauvlies nach Herstellerangaben die Berglandschaft. An der vorderen Seite bestreichen Sie das Vlies nach dem Trocknen mit Spezialkleber und streuen das Gras auf. Die Steilwände und das Plateau gestalten Sie mit Steinen und Moos. Beides wird mit Silikonkleber fixiert. Achten Sie darauf, dass die Steine den Schlauch nicht quetschen.

Kleben Sie den Winkel, auf dem das Wasserrad sitzt, am Boden der Schale mit Silikonkleber fest. Das Kabel der Pumpe ziehen Sie auf der Rückseite der Landschaft aus der Schale. Verteilen Sie in der übrigen Schale Steine auf dem Schalenboden, die Sie festkleben, aber auch lose einlegen können. Dekorieren Sie dazwischen Moos, Rinde und Ästchen. Stellen Sie nun das Mühlenhaus so an das Wasserrad, dass es die Halterung des Mühlenrads verdeckt. Füllen Sie Wasser in die Schale, und schalten Sie die Pumpe ein.

Die Klangplatten und die große Glocke werden genau unter den Ausläufen der großen Schale auf dem Grund des Wasserbeckens platziert.

Klingendes Wasserspiel

Material für den Brunnen

- Flansch für Heißwasserrohr (mit großer Standfläche, dient als Fuß des Brunnens)
- Verzinktes Eisen:
  - Rohr, 2" Ø, 50 cm lang
  - Rohr, 1" Ø, 60 cm lang
  - Rohr, 1" Ø, 5 cm lang
  - Muffe von 2" auf 1"
  - Muffe von 1" auf 0,5"
  - Gewinde für Rohr mit 2" Ø
  - 2 Gewinde für Rohr mit 1" Ø
  - Scheibe, 48 cm Ø, 1,5 mm dick
  - 2 Scheiben, 15 cm Ø, 1,5 mm dick
  - Scheibe, 10 cm Ø, 1,5 mm dick
  - Edelstahlschüssel, ca. 23 cm Ø (obere Schale)
  - 6 Schrauben, 6 mm Ø
  - 6 Muttern, 6 mm Ø
  - 12 Beilagscheiben, 6 mm Ø

- Wasserpumpe:
  - Schlauchkupplung für 1" (z. B. Gardena)
  - Hahn für Wasserdurchfluss
  - Tauchpumpe für 5 bar Druck und 1" Schlauch
- Silberfarbenes Autolackspray
- Nitroverdünnung
- Alter Lappen
- Silikon
- Hartlot und Flussmittel
- Schleifpapier

Material für die Klangkörper

- Verzinktes Eisen:
  - 3 Platten, 12 x 12 x 0,4 cm
  - 3 Rohre, 3 cm Ø, 37 cm lang
  - 3 dünne Bleche, 21 x 4 cm
  - 6 Schrauben, 6 mm Ø
  - 6 Muttern, 6 mm Ø

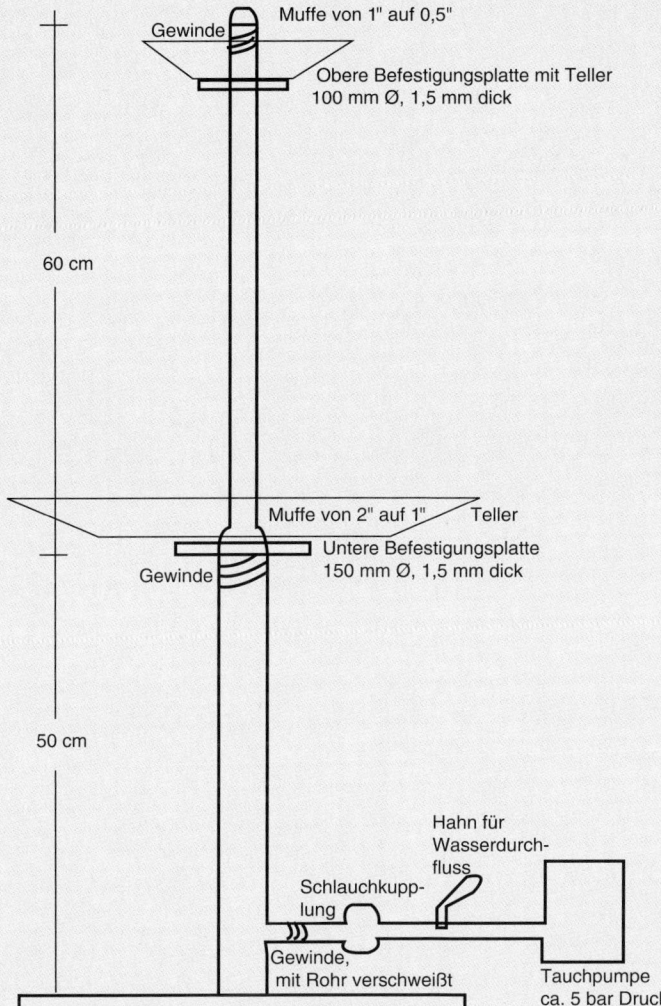

Gewinde

Muffe von 1" auf 0,5"

Obere Befestigungsplatte mit Teller
100 mm Ø, 1,5 mm dick

60 cm

Muffe von 2" auf 1"   Teller

Gewinde

Untere Befestigungsplatte
150 mm Ø, 1,5 mm dick

50 cm

Hahn für
Wasserdurch-
fluss

Schlauchkupp-
lung

Gewinde,
mit Rohr verschweißt

Tauchpumpe
ca. 5 bar Druck

Flansch für Heißwasserrohr

*Entsprechend dieser Zeich-
nung werden die Rohre
und die Teile der Pumpe
miteinander verbunden.*

- 12 Beilagscheiben, 6 mm Ø
- Gewindestange, 5 cm lang, 6 mm Ø
- Rundstab, 6 mm Ø, 1 m lang
- **Mehrere Glöckchen auf Federn, mit Kunststoffhalterungen**
- **Glocke**
- **Flügelschraube**
- **Löffel**
- **4 Schwingungsdämpfer mit beidseitig 6er Innengewinde**
- **Für das Wasserspiel benötigt man einen Wasserbehälter von mindestens 80 cm Ø und 50 cm Tiefe.**

Werkzeug
- **Blechschere**
- **Eisensäge**
- **Bohrmaschine**
- **Schweißgerät**
- **Lötkolben**
- **Fräse**
- **Feilen**
- **Kartusche für Silikonkleber**
- **Geodreieck**
- **Zirkel**
- **Wasserlöslicher Filzstift**
- **Bleistift**

Wasserspiel

Dieses Wasserspiel ist nicht nur ein Blickfang im Gartenteich, sondern auch ein akustischer Genuss: Zwischen das Plätschern des Wassers mischt sich der leise Klang von Glocken, ausgelöst durch das Gewicht des Wassers, das auf die vier Klangplatten fällt.

So wird's gemacht

Das Wasser steigt unter dem Druck der Pumpe im Wasserrohr nach oben, fließt aus dem Rohrende in die oberste Schüssel, ergießt sich dann in die untere, größere Schüssel und von dort auf die vier klingenden Metallplatten, die den Brunnen umgeben. In fast genau dieser Reihenfolge bauen wir auch das Wasserspiel:

Wasserzufluss schweißen

Schweißen Sie auf den Flansch mittig das Rohr mit 2" Durchmesser (→ Abbildung Seite 101). An dessen Ende schweißen Sie das Gewinde mit 2" Durchmesser auf. Nun schrauben Sie die Muffe mit der Verjüngung von 2" auf 1" auf das Gewinde. Darauf schweißen Sie das 60 cm lange Rohr mit 1" Durchmesser. An dessen Ende schweißen Sie ein Gewinde mit 1" Durchmesser und schrauben darauf die Muffe mit der Verjüngung von 1" auf 0,5" als Wasserauslauf.

Für den Wasserzulauf bohren Sie in 5 cm Höhe über dem Boden in das 2"-Rohr ein Loch mit 1" Durchmesser. Schweißen Sie darauf ein 1"-Rohr in 5 cm Länge, an dessen Ende Sie ein 1"-Gewinde schweißen. Auf dieses schrauben Sie die Schlauchkupplung.

Befestigen Sie anschließend nach Herstellerangaben einen Hahn zwischen der Tauchpumpe und der Schlauchkupplung.

Große Wasserschale zuschneiden

Für die große Schale legen Sie auf der 1,5 mm starken Platte mit 480 mm Durchmesser den Kreismittelpunkt fest und zeichnen den Radius an (→ Abbildung Seite 103 links). Von diesem Radius aus tragen Sie einmal 10 Grad und viermal 87,5 Grad auf dem Kreisrand an. Ziehen Sie mit wasserlöslichem Filzstift Linien vom Mittelpunkt zu diesen Markierungen.

Halbieren Sie die 87,5-Grad-Segmente nochmals, und ziehen Sie auch hier Linien zum Kreismittelpunkt. Ziehen Sie mit dem Zirkel um den Mittelpunkt einen Kreis mit 50 mm Radius. Nun nehmen Sie einen Radius von 215 mm und markieren die Kreuzungspunkte dieses Kreises mit den Linien, die die 87,5-Grad-Segmente unterteilen. An diesen Kreuzungspunkten zeichnen Sie mit dem Zirkel einen nach außen gerichteten Halbkreis mit 15 mm Radius. Die Begrenzung zum Kreismittelpunkt legen Sie mit dem Geodreieck als rechtwinklige Linie zur Segmenthalbierung fest.

Schneiden Sie nun mit der Blechschere das 10 Grad breite Segment heraus, außerdem den Innenkreis mit 100 mm Durchmesser. Fräsen Sie die vier kleinen Halbkreise (→ Foto rechts) entlang der Umrisslinie 3 mm breit heraus. Biegen Sie die ausgefrästen Halbkreise im 45-Grad-Winkel nach unten.

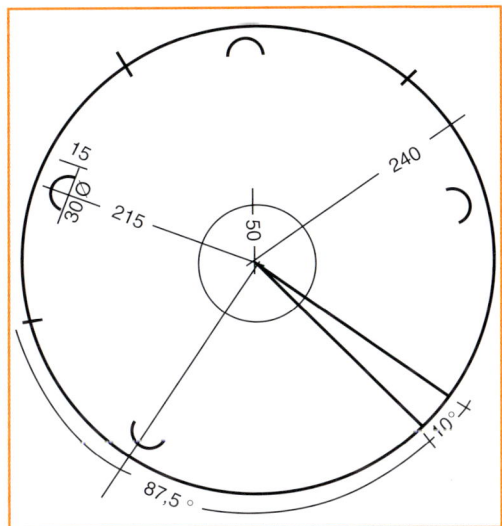

Große Schale: Das 10 Grad große Segment wird mit der Blechschere ausgeschnitten.

Unter die große Schale kommen zwei Scheiben dieser Größe.

Zur Schale formen

Biegen Sie die runde Platte so, dass die Ränder der aufgeschnittenen Stelle leicht überlappen, und verbinden Sie sie durch Hartlöten. Schleifen Sie die Lötnaht, und überlöten Sie sie nochmals. Die Platte hat nun die Form einer Schale ohne Boden. Nun bohren Sie Löcher in die zwei Platten mit 150 mm Durchmesser entsprechend der

Am Rand der Schale befinden sich vier halbkreisförmige Öffnungen, von wo das Wasser zielgerichtet auf die Platten läuft.

Abbildung oben. Die Löcher haben einen Durchmessser von 6,5 mm und liegen auf den Vierteln mit 1 cm Abstand zum Außenkreis. In der Mitte bohren Sie ein Loch mit 55 mm Durchmesser.
Verlöten Sie den unteren Rand der Schale mit einer dieser Platten; sie steht am Rand etwa 2,5 cm über. Schleifen Sie die Lötnaht, und überlöten Sie innen und außen nochmals.

Am Wasserrohr befestigen

Stecken Sie die zweite Platte auf das 2"-Rohr bis zum Gewinde, und löten Sie sie dort fest. Legen Sie die große Schale auf die Trägerplatte, die vier Bohrungen liegen dabei genau übereinander. Kleben Sie über und unter den Bohrungen Beilagscheiben mit Silikon, stecken Sie dann von oben Schrauben durch, und fixieren Sie diese von unten mit Muttern. Dichten Sie alles gut mit Silikon ab, ebenso auch die Bohrung an der Mitte zum Rohr.

Wasserspiel

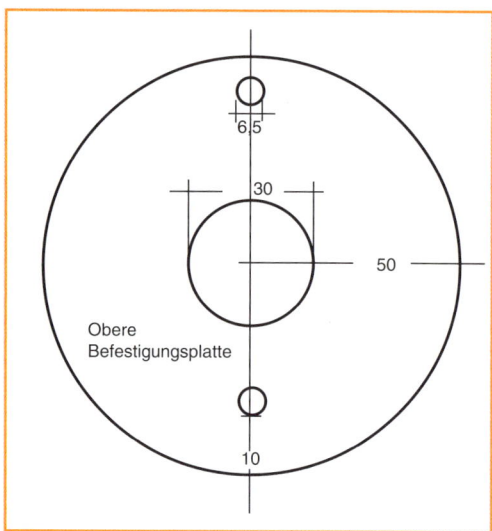

Dies sind die Maße der oberen Platte.

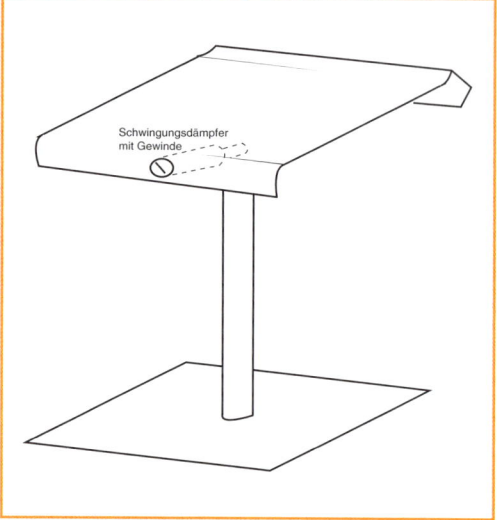

Auf die Grundplatte kommt ein Alurohr und darauf das Blech mit Glöckchen.

Obere Wasserschale

Bohren Sie zwei 6,5 mm große Löcher
(→ Abbildung oben links) in den Blechteller
und die obere Befestigungsplatte, außerdem mittig ein Loch mit 30 mm Durchmesser.
Löten Sie die Befestigungsplatte mit
ca. 6 cm Abstand unterhalb des Wasser-
auslaufs an das Rohr, versäubern Sie die
Lötstelle, und überlöten Sie alles noch einmal. Legen Sie den Teller auf die Befestigungsplatte, und verbinden Sie beide
durch die 6,5 mm Bohrungen mit Beilagscheiben, 6er-Schrauben und Muttern.
Dichten Sie alles gut mit Silikon ab.

Gestell lackieren

Stellen Sie das Gestell in das Wasserbe-
cken, tauchen Sie die Pumpe ein, und starten Sie einen Probelauf. Ist alles dicht, nehmen Sie das Gestell wieder heraus und
trocknen es gut ab. Säubern Sie es mit
einem in Nitroverdünnung getauchten Lappen, und spritzen Sie das Gestell und die
Schalen mit silberfarbenem Autolack.

Die obere Schale wird auf eine Metallplatte geschraubt.

Wasserspiel

Als Klangkörper dienen drei Platten mit kleinen Glöckchen und eine große Glocke.

Klangkörper mit Glöckchen

Löten Sie auf eine quadratische Grundplatte ein 37 cm langes Rohr. Dieses bohren Sie am Ende mit einer 6er-Bohrung an. Schneiden Sie in eine Querkante des dünnen Blechs zwei 1 cm breite Einschnitte (→ Abbildung rechts). In die gegenüberliegende Kante bohren Sie mittig mit 1,5 cm Abstand zum Rand ein Loch mit 6 mm Durchmesser. Biegen Sie diese Kante mit 2 cm Abstand zum Rand rechtwinklig ab, nach 14 cm gerundet einen halben Zentimeter nach oben, dann rechtwinklig nach vorne und nach 1 cm noch einmal rechtwinklig nach unten. Pressen Sie in die Einschnitte die Kunststoffhalterungen, auf die Sie die Federn stecken.

Das Blech befestigen Sie mit einer 6er-Schraube und Beilagscheibe durch die Bohrung im Innengewinde eines Schwingungsdämpfers. Die andere Seite des Schwingungsdämpfers drehen Sie mit einer Schraube in der Bohrung des Aluminiumrohrs fest.

Die beiden anderen Platten bauen Sie ebenso zusammen.

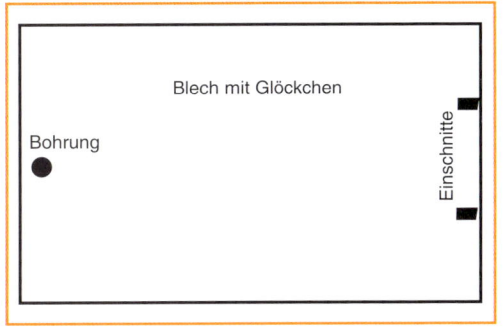

So wird das dünne Blech vorbereitet.

Wasserspiel

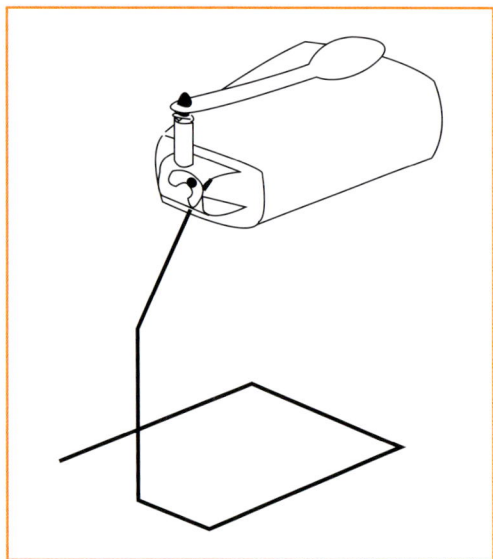

An das Ende des gebogenen Rundstabs wird die große Glocke geschraubt.

Klangkörper mit großer Glocke

Biegen Sie den 1 m langen Eisenstab als Rechteck mit den Maßen 12 x 23 cm (→ Abbildung oben), und knicken Sie an der letzten Kante den Stab ab der Mitte der Kante rechtwinklig nach oben. In 34 cm Höhe biegen Sie einen 30-Grad-Winkel.

Das Ende stecken Sie durch die Löcher der Glockenhalterung. Fixieren Sie es mit einer Flügelschraube. Bohren Sie neben dem Loch der Halterung auf der Oberseite ein 6er Loch, und schrauben Sie dort auf eine kurze Gewindestange den Schwingungsdämpfer. Auf der anderen Seite drehen Sie eine Schraube, darunter den angebohrten Löffel und einigen Beilagscheiben als Abstandshalter ein.

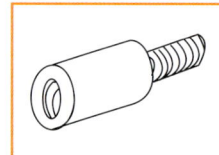

Der Schwingungsdämpfer unterdrückt unliebsame Nebengeräusche.

Die Besucher scheinen sich mit friedlichen Absichten zu nähern, denn das Tor des Forts ist weit geöffnet.

Westernfort

Material

- Fichtenleimholzplatte, 40 x 60 x 2 cm (Grundplatte)
- Sperrholz, ca. 1,5 m², 0,5 cm stark (alle Gebäudeteile)
- Vierkanthölzer, 5 x 5 mm, ca. 40 cm lang (Galgen und Brunnen)
- 4 Holzscheiben, 2,5 cm Ø (Kanonenräder)
- 4 kleine Scharniere mit passenden Schrauben
- 2 Alurohre, 15 mm Ø, 8 cm lang
- Rindenstücke
- Kleine Steine
- Sand, feine Steinchen
- Bäumchen, Figuren und Moos aus dem Modellbau
- Holzleim
- Silikonkleber
- Feines Schleifpapier
- Holzstifte
- Rest dünnes Seil
- Brauner und schwarzer Acryllack

Werkzeug

- Stichsäge
- Handsäge
- Bohrmaschine
- Kartusche für Silikonkleber
- Kleine Schraubzwingen
- Hammer
- Pinsel
- Lineal
- Bleistift

Harte Männer – raue Sitten: Die wehrhafte, ganz aus Holz errichtete Anlage entführt in die Zeit des Wilden Westens. Von den beiden Aussichtstürmen haben die Wachen einen weiten Blick über die Prärie. Angreifer werden durch Kanonen abgewehrt.

So wird's gemacht

Alle Teile des Forts werden auf der großen Grundplatte montiert. Die Wohn- und Wirtschaftsgebäude, mitsamt Brunnen und Galgen, liegen innerhalb der schützenden Mauern. Die beiden Aussichtstürme sind Teil der äußeren Wehranlage.

Großer Ausguck

Sägen Sie je zwei Brettchen mit 10 x 10 cm, 9 x 10 cm (Turmwände erster Stock), 9 x 3 cm, 8 x 3 cm (Turmwände zweiter Stock), 12 x 2 cm und 11 x 2 cm (Balustrade zweiter Stock). Außerdem brauchen Sie noch eine Platte von 11 x 11 cm (Bodenplatte für den zweiten Stock) und ein Dach mit 10 x 10 cm. Kleben Sie die 9 x 10 cm großen Brettchen auf die Kanten der 10 x 10 cm großen Bretter, und fixieren Sie sie mit kleinen Schraubzwingen. Schlagen Sie außerdem einige Holzstifte in die Kanten.
Nun folgt der zweite Stock: Kleben Sie auf die Kanten der Bodenplatte die 2 cm breiten Leisten. Fixieren Sie auch diese mit Holzstiften und Schraubzwingen bis zum Trocknen.
Fügen Sie die 3 cm breiten Leisten zum Quadrat zusammen, sodass sie eine Bodenfläche von 9 x 9 cm haben. Fixieren Sie sie mit Kleber und Holzstiften, und kleben Sie mittig das Dach auf.
Streichen Sie alle Teile mit dem leicht verdünnten, braunen Lack, und schleifen Sie

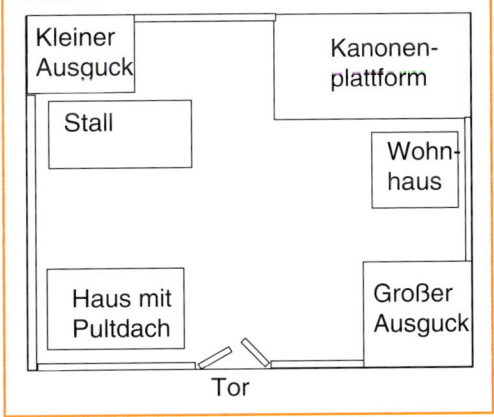

Nach diesem Grundriss werden die Gebäude auf der Grundplatte platziert.

die Flächen nach dem Trocknen unregelmäßig an, sodass matte und glänzende Stellen entstehen.
Setzen Sie nun den zweiten Stock mittig mit Leim auf den ersten Stock und darauf den Ausguck mit Dach. Mit Heißkleber befestigen Sie Rindenstücke auf dem Dach. Kleben Sie den Turm an eine Ecke der Grundplatte.

Kleiner Ausguck

Sägen Sie je zwei Brettchen mit 6 x 10 cm, 5 x 10 cm (Turmwände erster Stock), 6 x 3 cm, 5 x 3 cm (Turmwände zweiter Stock), 9 x 2 cm und 10 x 2 cm (Balustrade zweiter Stock), außerdem eine Platte von

9 x 9 cm (Bodenplatte für den zweiten Stock) und das Dach mit 9 x 9 cm.
Das Zusammenleimen erfolgt genauso wie beim großen Ausguck: zunächst die Wände des ersten Stocks (Grundfläche 6 x 6 cm, 10 cm hoch), dann die Grundplatte des zweiten Stocks mit Balustrade und schließlich die Wände des zweiten Stocks mit Dach.
Streichen Sie alle Teile mit verdünntem braunem Lack, und schleifen Sie nach dem Trocknen die Flächen leicht an. Kleben Sie die Bodenplatte mittig auf den ersten Stock, darauf setzen Sie mittig den Ausguck mit Dach. Bekleben Sie das Dach mit Rindenstücken.
Leimen Sie den kleinen Ausguck auf die gegenüberliegende Ecke vom großen Ausguck auf die Grundplatte.

Plattform für die Kanonen
Sägen Sie Brettchen mit 21 x 10 cm (Plattform), 21 x 6 cm (Vorderwand), 21 x 2 cm (Balustrade) und je zwei Brettchen mit 9,5 x 2 cm und 9,5 x 6 cm (Seitenwände).
Kleben Sie die Seitenwände auf die Kanten der Vorderwand, und fixieren Sie die Kanten mit Nägeln. Legen Sie darauf bündig die Plattform, und kleben und nageln Sie sie fest. Nun leimen Sie die Balustrade zusammen.

Die Kanonen stehen auf der Plattform.

Streichen Sie alle Teile rundum mit braunem Lack, und schleifen Sie die Flächen nach dem Trocknen unregelmäßig an. Kleben Sie die Balustrade auf die Plattform. Stellen Sie das Ganze längs auf eine Ecke der Grundplatte, Vorderwand und Balustrade sind Teil der äußeren Mauer. Leimen Sie sie fest.

Außenmauern zusägen und aufleimen
Zwischen die beiden Ausgucke und die Kanonenplattform setzen Sie nun die Außenmauern. Diese erhalten auf der nach innen gerichteten Seite eine Galerie:
Sägen Sie je eine Leiste mit 20 x 8 cm und mit 20 x 3 cm. Lackieren Sie beide wie oben beschrieben. Kleben Sie die schmalere Leiste rechtwinklig mit 2 cm Abstand zur Längskante auf die breitere Leiste (→ Abbildung Seite 111 oben). Fixieren Sie es zusätzlich mit Holzstiften. Kleben Sie die Mauer zwischen den großen Turm und die Kanonenplattform auf die Grundplatte.
Auf eine 33 cm lange und 8 cm hohe Leiste kleben Sie mit 2 cm Abstand zur Längskante nach dem Lackieren eine 33 x 3 cm lange Leiste und fixieren diese mit Stiften.

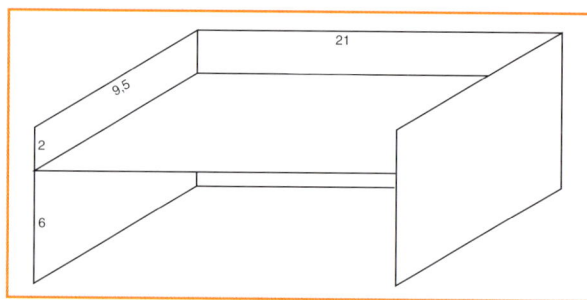

Die Plattform wird nach diesen Maßen gesägt.

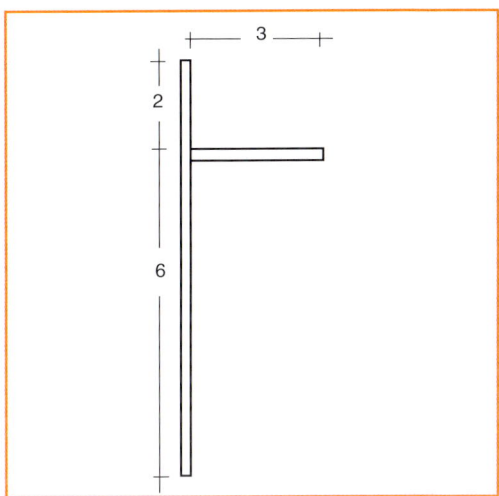

Die Galerie sitzt rechtwinklig auf der Mauer.

Kleben Sie diesen Teil der Mauer zwischen die Plattform und den kleinen Turm auf die Grundplatte.

Fertigen Sie auf die gleiche Weise eine dritte, 33,5 cm lange Wand (ebenfalls mit Galerie), und kleben Sie diese vom kleinen Turm zur linken, vorderen Ecke auf die Grundplatte.

Als nächstes folgt die vordere Wand, die sich links vom Tor befindet. Sägen Sie dafür je eine Leiste mit 28 x 8 cm und 24,5 x 3 cm. Kleben Sie die Galerie auf die Mauer, lassen Sie aber auf der linken Seite einen Abstand von 3,5 cm zum Wandende. Kleben Sie auch diese Wand auf die Grundplatte.

Und zuletzt die Wand zwischen Tor und großem Ausguck, die ebenfalls auf die Grundplatte aufgeleimt wird: Sie besteht aus einer 12 x 8 cm und 12 x 3 großen Leiste. Für die Tore sägen Sie zwei Brettchen mit 5 x 9 cm und lackieren diese rundum. Befestigen Sie jedes Tor mit jeweils zwei kleinen Scharnieren auf der Innenseite der Mauern.

Haus mit Pultdach

Sägen Sie je ein Brett mit 15 x 11 cm und mit 15 x 6 cm sowie zwei Giebelseiten, die 9 cm breit sind und an einer Kante 6 cm, an der anderen 11 cm hoch sind. Das Dach ist 12 x 17 cm groß. Lackieren Sie alle Flächen. Kleben Sie die Giebelseiten zwischen die Vorder- und Rückwand des Hauses, und fixieren Sie sie mit Holzstiften. Nageln Sie das Dach auf, und bekleben Sie es mit Rindenstücken.

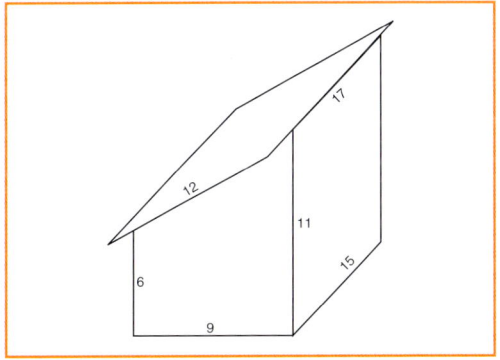

So wird das Haus mit Pultdach gebaut.

Bau des Wohnhauses

Sägen Sie für die Vorder- und Rückwand zwei Brettchen mit 18 x 6 cm sowie für die Giebelseiten zwei je 10 cm breite Brettchen, die an den Seiten 6 cm und in der Mitte

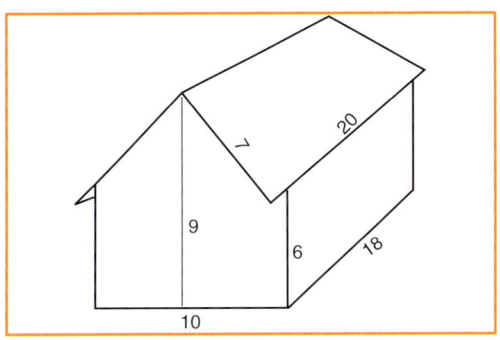

Das Wohnhaus hat diese Abmessungen.

9 cm hoch sind. Die beiden Dachhälften sind jeweils 20 x 7 cm groß. Kleben Sie nach dem Lackieren die Giebelseiten zwischen die Vorder- und Rückwand des Hauses, und fixieren Sie sie mit Nägeln. Kleben Sie anschließend das Dach auf die Giebel, und bekleben Sie es ebenfalls mit Rindenstücken.

Bau des Stalles
Sägen Sie zwei Brettchen 14 x 6 cm (Vorder- und Rückwand) und 15 x 5 cm (Dachhälften), außerdem zwei Giebelseiten, die 7 cm breit, an den Seiten 6 cm und in der Mitte 8 cm hoch sind.
Lackieren Sie die Flächen, und fügen Sie sie wie beim Wohnhaus zusammen. Kleben Sie Rindenstücke auf das Dach.

Futterkrippe zusägen
Sägen Sie eine 9 x 3 cm große und zwei 1,25 x 9 cm große Leisten. Kleben Sie die schmaleren Leisten mittig und rechtwinklig auf die 3 cm breite Leiste, sodass ein Kreuz entsteht

Krippenquerschnitt

(→ nebenstehende Abbildung). Streichen Sie alles mit Lack, und füllen Sie die Krippe mit Stroh oder Heu.

Brunnen mauern
Sägen Sie je eine Leiste mit 2,5 x 7 cm und 2 x 7 cm. Setzen Sie diese im rechten Winkel als Dach zusammen. Kleben Sie als Stützen 3 cm hohe Vierkanthölzer darunter, und lackieren Sie alles.
Formen Sie aus Steinen und Silikonkleber einen Brunnen von etwa 6 cm Durchmesser und 2 cm Höhe, und kleben Sie die Stützen des Daches darauf (→ Foto rechts).

Krippe und Brunnen sind durch Dächer geschützt.

Die braun lackierten Hölzer erhalten durch stellenweises Schleifen eine raue Oberfläche.

Galgen bauen

Sägen Sie vom Vierkantholz vier Leisten mit 1,5 cm ab und je einmal 9 cm, 5 cm und 3 cm (diese mit 45-Grad-Gehrung an den Enden). Außerdem brauchen Sie vom Sperrholz noch je ein Brett mit 4 x 2,5 cm und 6 x 6 cm.
Kleben Sie die vier 1,5 cm langen Beine unter das kleinere Brettchen und das Ganze dann auf die quadratische Platte. Leimen Sie den Galgen rechtwinklig zusammen, und fügen Sie die 3 cm lange Stütze ein. Formen Sie ein 6 cm langes Seil zur Schlinge, und kleben Sie diese oben am Galgen fest.

Der letzte Schliff

Für die Kanonen: Kleben Sie mittig an die Alurohre, die sie vorher schwarz lackiert haben, die braun lasierten Holzscheiben als Räder an.
Streichen Sie den Boden mit Leim ein, und streuen Sie Sand und kleine Steinchen auf. Nach dem Trocknen stellen Sie die Häuser und alle anderen Einzelteile hinein. Für die Feuerstelle legen Sie einen Kreis aus kleinen Steinen, in dessen Mitte Hölzer aufgestellt sind.
Schmücken Sie nun das Fort mit Bäumchen, Figuren und Tieren aus dem Eisenbahnmodellbau.

Wetterhäuschen

Material

- Fichtenleimholzplatte, 37 x 40 x 2 cm (Grundplatte)
- 0,5 cm starke Sperrholzplatte:
  - 40 x 36 cm (Vorderseite)
  - 38 x 30 cm (hintere Giebelseite)
  - 36 x 15 cm, zweimal (Seitenteile)
  - 40 x 2,5 (Querbrett für die Aufhängung der Figurenplatte)
- Fichtenholzleisten:
  - 0,2 x 1 x 60 cm (Fensterrahmen)
  - 0,2 x 0,5 x 18 cm (Fenstersprossen)
  - 0,5 x 1,5 x 18 cm, viermal (Balkon und Dachbalken)
- Modellbauplatte Dachziegel, 30 x 40 cm, zweimal (Dachflächen)
- Modellbauplatte Dachziegel, 9 x 15 cm (Dachgiebel)
- Gelbes Plexiglas oder Folie, 15 x 6 cm
- Balsaholz, 22 x 2,5 x 0,5 cm (für die Figurenplatte)
- 2 Figuren
- Getrockneter Schafsdarm, ca. 30 cm lang
- Dübelholz, 8 mm Ø
- Außenthermometer, ca. 16 cm lang
- Ziermoos
- Dunkelbraune Holzbeize
- Roter und weißer Acryllack
- Klarlack
- Holzleim
- Modellbaukleber für das Dach
- Holzstifte
- Gewebeklebeband

Werkzeug

- Stichsäge
- Gehrungslade
- Handsäge
- Schere
- Bohrmaschine
- Schraubzwingen
- Hammer
- Pinsel
- Zollstock
- Bleistift

*Ob Regen oder Sonnenschein: Dieses Wetterhäuschen zeigt die Temperatur sowie Änderun-
gen des Wetters an. Die beiden Figuren haben wir gekauft – Sie können sie natürlich auch
selbst aus Modelliermasse formen oder aus Holz schnitzen.*

So wird's gemacht

Nach dem Bau des Häuschens folgt der
Innenausbau mit der Figurenplatte und ihre
Aufhängung. Das sensibelste Teil ist der
Schafsdarm. Er reagiert auf Feuchtigkeit
und muss justiert werden.

Vorderseite des Häuschens
Zeichnen Sie die vordere Giebelseite nach
den Maßen der Zeichnung auf die
40 x 36 cm große Platte auf, und sägen Sie
sie zu. Die Fenster werden mit der Stichsäge ausgesägt, indem Sie in jede Ecke der
Fenster ein Loch bohren, in einem Loch die
Stichsäge ansetzen und entlang der Um-
risslinien sägen.
Für die beiden Fensterrahmen sägen Sie
vier 6 cm lange und vier 5 cm lange Holzleisten (1 cm breit) mit 45-Grad-Gehrung zu.
Leimen Sie die Rahmenteile zusammen,
streichen Sie sie rot an, und kleben Sie sie
um die Fenster. Ebenso werden auch beide
Türöffnungen mit der Stichsäge ausgeschnitten. Achten Sie darauf, dass die
Wand dazwischen 1,5 cm über dem Boden
endet (→ Abbildung oben).
Sägen Sie für die Sprossen zwei je 6 cm
und 5 cm lange Leisten (0,5 cm breit) zu.
Streichen Sie sie weiß, und kleben Sie je
eine 5 und 6 cm lange Leiste über Kreuz
aufeinander. Kleben Sie die Kreuze mittig
hinter die Fenster auf die Rückseite der
Vorderfront. Die getönte Plexischeibe bzw.

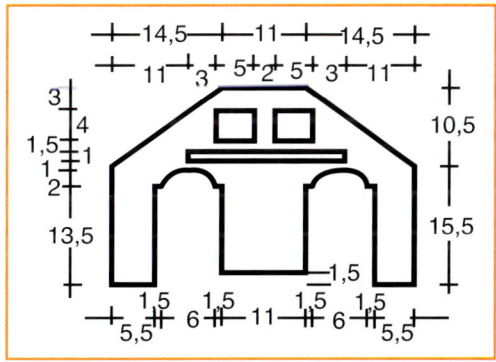

So wird die Vorderseite zugeschnitten.

die Folie kleben Sie mit Gewebeklebeband
dahinter.
Für den Balkon leimen Sie eine der 18 cm
langen Leisten rechtwinklig hinter die andere und leimen das Ganze im Abstand von
1,5 cm unterhalb der Fenster an die Wand.
Sägen Sie nach den unten stehenden
Maßen die hintere Giebelseite zu.

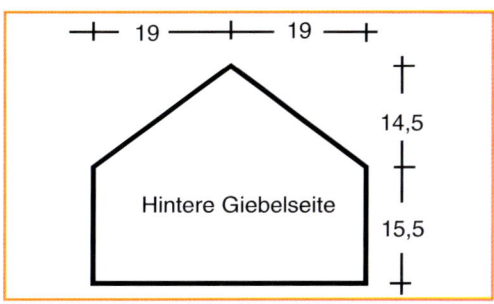

Und dies sind die Maße der Rückseite.

Wetterhäuschen

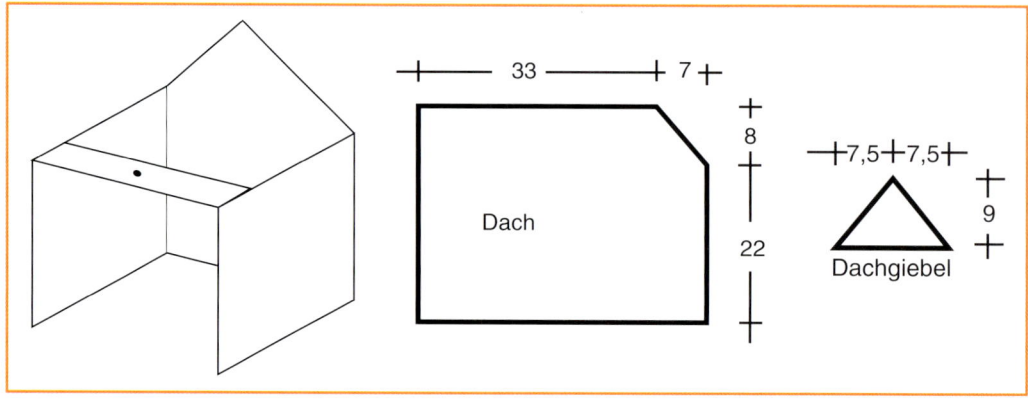

Zuerst werden die Seitenteile und die Aufhängung zusammengefügt, dann folgt das Dach.

Zusammenbau des Häuschens

Tragen Sie auf den Kanten der hinteren Giebelseite Kleber auf, und setzen Sie die Seitenteile darauf. Schlagen Sie zusätzlich einige Holzstifte zum besseren Halt ein. Bohren Sie in die Mitte des Querbrettes für die Aufhängung der Figurenplatte ein Loch mit 1 cm Durchmesser. Kleben Sie es auf die Seitenteile, und zwar so, dass es vorne bündig abschließt (→ Abbildung oben). Leimen Sie die Vorderseite des Häuschens auf, indem Sie die vordere Kante der Seitenteile und des Querbretts mit Leim einstreichen, die Vorderfront auflegen und bis zum Trockenen mit Schraubzwingen fixieren. Auch hier bieten einige Holzstifte besseren Halt.

Streichen Sie alle Seiten zuerst mit der Holzbeize und nach dem Trocknen mit Klarlack.

Kleben Sie nun das Dach mit dem Modellbaukleber zusammen. Auf die vorderen Kanten beidseitig des Giebels leimen Sie die 18 cm langen und 1,5 cm breiten Fichtenholzleisten, die Sie vorher mit Beize lasiert haben. Setzen Sie das Dach zur Probe auf das Haus. Aufgeklebt wird es erst zu einem späteren Zeitpunkt.

Figurenplatte montieren

Streichen Sie das Balsaholz mit der Holzbeize, und lackieren Sie es mit Klarlack. Bohren Sie mittig ein kleines Loch für den Schafsdarm, sodass sich dieser durchstecken lässt. Kleben Sie dessen Ende in die Bohrung, die Verdrehung des Darms muss dabei im Uhrzeigersinn sein.

Kleben Sie die Figuren so auf die Enden des Brettchens, dass das Brett in der Waage ist. Stellen Sie das Brettchen mit den Figuren mittig hinter die Vorderseite des Häus-

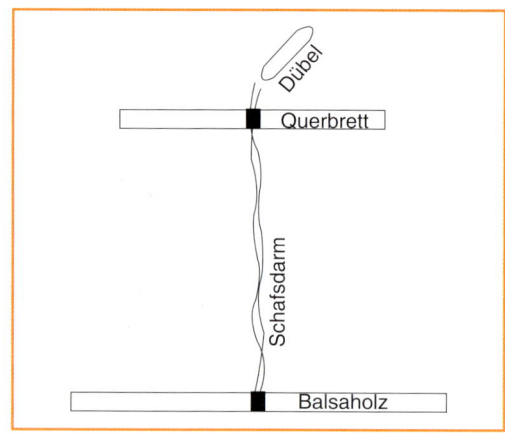

Das Balsaholz hängt frei beweglich am Querbrett.

Bei steigender Luftfeuchtigkeit tritt die Figur mit dem Regenschirm aus der Tür.

chens. Das Loch im Balsaholz muss genau unter dem Loch in dem Querbrettchen liegen. Stecken Sie das zweite Ende des Darms so weit durch die Bohrung in dem Querbrett, dass das Figurenbrett 0,5 cm über dem Boden schwebt. Nun fixieren Sie den Schafsdarm im oberen Brett durch Einstecken des Dübels.

Die Figuren werden aufs Balsaholz geleimt.

Figurenplatte justieren

Um die Feucht-Trocken-Stellung der Figurenplatte zu bestimmen, gibt es zwei Möglichkeiten:

1. Sie stellen das Häuschen bei Nebel etwa zwei Stunden ins Freie. Nach zwei Stunden nehmen Sie den Dübel raus: Drehen Sie den Darm mit Brettchen so, dass die Regenfigur draußen steht, und fixieren Sie den Darm wieder mit dem Dübel. Bei Trockenheit dreht sich dann der Darm wieder ein, und die Figur wandert zurück.

2. Sie bedecken das Häuschen längere Zeit im Badezimmer mit einem nassen Handtuch und fixieren die Lage wie oben beschrieben.

Die letzten Handgriffe

Ist das Brettchen einmal ausgerichtet, legen Sie das Dach auf und kleben es fest. Befestigen Sie das Häuschen auf der Bodenplatte mit Leim.

Zwischen die beiden Türöffnungen wird das Thermometer geklebt. Zuletzt schmücken Sie den Balkon noch mit Ziermoos, den Sie auf die Brüstung kleben.

Originell, wetterfest und stabil: Für die Flügel wurden einfache Kfz-Nummernschilder verwendet, die in den verschiedensten Farben erhältlich sind.

Windmühle

Material

- 2 cm starkes Fichtenleimholz:
    - 65 x 65 cm, zweimal (Grund- und Dachplatte)
    - 120 x 40 cm (Dachunterbau)
    - 110 x 20 cm (Haubenseiten)
- 0,4 cm starkes Sperrholz:
    - 130 x 36 cm (Dachunterbau)
- Vierkanthölzer mit angefasten Kanten, 2 x 2 cm, insgesamt 15 m lang* (Außenwand und Flügel)
- Vierkantholz, 15 x 15 mm, 80 cm lang (Fenster- und Türrahmen)
- Vierkantholz, 5 x 5 mm, 50 cm lang (Fenster- und Türsprossen)
- Vierkantholz, 10 x 10 mm, 1 m lang (Dachstützen)
- Leiste, 4 x 2 cm, 19 cm lang (Haubenauflage)
- Rundholz, 2 cm Ø, 20 cm lang (Achse für die Flügel)

- 0,6 mm starkes Kupferblech:
    - 130 x 36 cm (Dach)
    - 110 x 21 cm (Haube)
- 2 Kunststoffhülsen, 8 mm Innendurchmesser (→ Abbildung rechts)
- Holzstifte, 2 cm lang
- Holzschrauben
- 2 Metallhülsen mit Innengewinde, 8 mm Innendurchmesser, 20 mm lang
- Gewindestange, 8 mm Ø, 8 cm lang
- Gewindestange, 8 mm Ø, 17 cm lang
- 2 Muttern und 3 Beilagscheiben, 8 mm Ø
- 4 Kfz-Nummernschilder, 41 x 11 cm
- Weißer Acrylmattlack
- Braune Holzbeize
- Holzleim
- Silikonkleber
- Mittleres und feines Schleifpapier
- Dünner Karton
- Kleine Steine
- Kunstsand
- Islandmoos

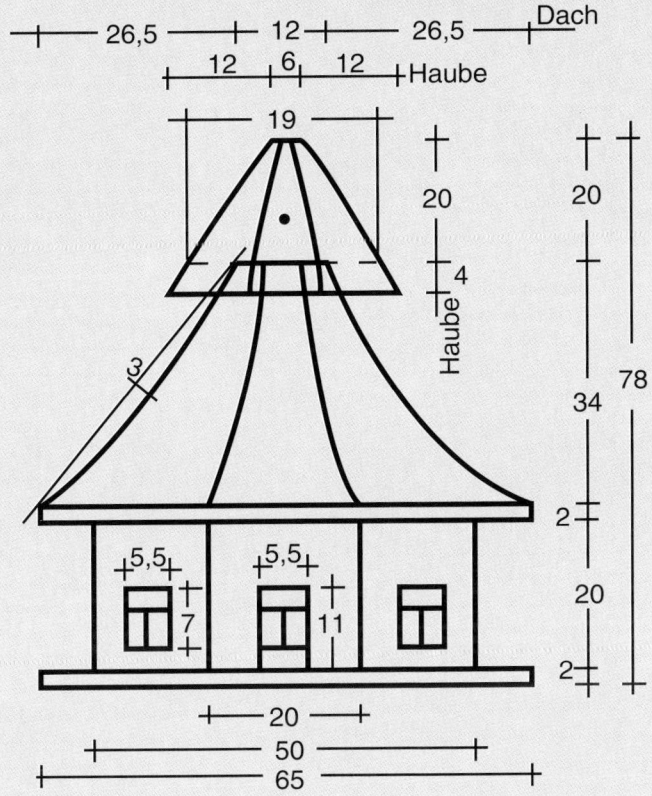

Die Mühle besteht aus
drei Teilen: Mühlen-
gebäude, Dach und Haube.

Werkzeug

- Stichsäge
- Handsäge
- Gehrungslade
- Oberfräse*
- Tischkreissäge (falls vorhanden)
- Schere
- Blechschere
- Bohrmaschine
- Schraubzwingen
- Bandschleifer
- Schleifklotz
- Kartusche für Silikonkleber
- Schraubendreher
- Hammer
- Pinsel
- Zirkel mit Verlängerung oder Nagel,
  Schnur und Stift
- Langes Lineal oder Metallschiene
- Geodreieck
- Bleistift

Die beiden Kunststoffhülsen
dienen als Lager für die
Hauben- und die Flügelachse.

* Die Oberfräse brauchen Sie, um auf den
Holzwänden der Mühle Vertiefungen zu
fräsen, die wie Fugen zwischen gemauerten
Ziegelsteinen aussehen. Wenn Sie keine
Oberfräse haben, können Sie die Ziegel-
steine auch aufs glatte Holz aufmalen.
Sie brauchen dann statt der angefasten
Vierkanthölzer sechs Platten à 20 x 20 cm
aus 2 cm starkem Fichtenleimholz. Nach
dem Zusammenbau der Wände werden sie
weiß angestrichen und die Fugen in hellem
Grau aufgemalt.

Im 16. Jahrhundert erfanden die Holländer die Haubenwindmühle. Bei ihr dreht sich nicht mehr das gesamte Mühlengehäuse, sondern nur die obere Haube in den Wind. Auch bei unserem Modell sind die Haube und die Flügel frei beweglich.

So wird's gemacht

Auf die sechseckigen Holzwände der Mühle wird ein Kupferdach gesetzt. Darauf kommt das eigentliche Herz der Mühle: die drehbare Haube mit ihren langen Flügeln.

Boden- und Dachplatte
Zeichnen Sie den sechseckigen Boden der Mühle auf die Grundplatte auf. Dafür ziehen Sie einen Kreis mit 32,5 cm Radius. Ist Ihr Zirkel nicht groß genug, nehmen Sie einen Nagel und knoten ihn am Ende einer Schnur fest. Im Abstand von 32,5 cm befestigen Sie einen Bleistift. Schlagen Sie den Nagel in die Mitte des Brettes: Diese finden Sie durch die Markierung der Diagonalen heraus. Ziehen Sie mit dem Stift einen Kreis.
Dann tragen Sie den Radius sechsmal auf dem Kreisumfang an, so erhalten Sie die Unterteilung in Sechstel. Verbinden Sie die Markierungen mit dem Lineal.
Legen Sie die zweite, gleich große Platte unter die erste, und spannen Sie sie mit Schraubzwingen zusammen. Sägen Sie die Platten entlang der Umrisslinie für das Sechseck mit der Stichsäge aus, und schleifen Sie die Kanten glatt.

Seitenwände zusammmenbauen
Die Wände der Mühle sind aus den 2 x 2 cm großen, angefasten Vierkanthölzern gebaut. Sägen Sie pro Wand zehn Hölzer, die an beiden Enden im 60-Grad-Winkel abgeschrägt sind. Die kurze Außenseite ist 20 cm lang, die längere Innenseite ist 23 cm lang (→ Abbildung unten).

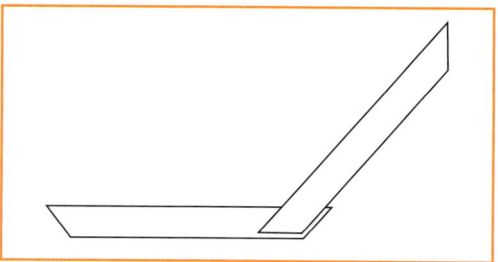

So treffen die Wandhölzer an den Ecken aufeinander.

Den Effekt der Ziegelsteine erreichen Sie dadurch, dass Sie jedes Holz senkrecht im Abstand von 6 cm mit der Fräse 3 mm tief im 45-Grad-Winkel nuten.
Bestreichen Sie die Ober- und Unterkanten von zehn Hölzern mit Holzleim, und kleben Sie sie immer um 2 cm versetzt aufeinander (→ Abbildung Seite 121 oben). Spannen Sie die Hölzer mit Schraubzwingen zusammen, bis der Kleber vollständig getrocknet ist. Bereiten Sie alle sechs Wände auf diese Weise vor.
Nach dem Trocknen lackieren Sie die Wände mit weißem Acryllack. Deckt der erste Anstrich nicht vollständig, streichen Sie ein zweites Mal darüber.

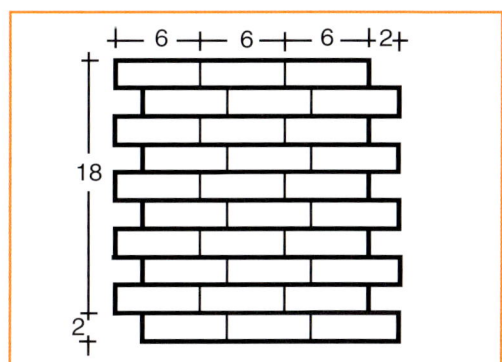

*Die Wandhölzer werden versetzt über-
einander geleimt.*

Sprossenfenster einsetzen

Zeichnen Sie nun auf zwei Wänden die
Fensterausschnitte an. Bohren Sie jeweils
innerhalb eines Fensters ein so großes
Loch, dass Sie die Stichsäge einsetzen
können. Sägen Sie das Fenster heraus.
Auf eine weitere Seitenwand zeichnen Sie
die Tür auf und sägen sie mit der Stichsäge
aus. Glätten Sie alle Sägekanten mit dem
mittleren und feinen Schleifpapier.
Bei den beiden Fenster- und dem Türrahmen treffen die Leisten im 45-Grad-Winkel
aufeinander. Benutzen Sie beim Zuschneiden eine Gehrungslade. Sägen Sie pro
Fenster zwei Leisten mit 5,5 cm Innenkante
und zwei mit 7 cm Innenkante, für die Tür
eine Leiste mit 5,5 cm Innenkante und zwei
mit 11 cm Innenkantenlänge.
Für die Sprossen brauchen Sie vier Vierkanthölzer von 5,5 cm Länge und drei Hölzer von 4 cm Länge. Kleben Sie die 4 cm
lange Sprosse mittig auf die längere (wie
bei einem T), und fixieren Sie sie mit einem
Holzstift. Bei der Tür setzen Sie noch eine
Sprosse unter das T.
Für die Türfüllung unterhalb der Sprossen
sägen Sie vom 2 cm starken Fichtenleimholz (Rest von Platte für Dachunterbau) ein

4 x 5,5 cm großes Brettchen und fasen die
Kanten im 45-Grad-Winkel mit dem Band-
schleifer oder einem Schleifklotz an.
Lasieren Sie die Fenster- und Türrahmen,
die Türfüllung und die Sprossenleisten mit
der braunen Holzbeize.
Kleben Sie nun die Rahmen für Türen und
Fenster auf die Wände, und setzen Sie die
Sprossen und die Türfüllung ein.

Zusammenbau der Wände

Stellen Sie die Seitenwände als Sechseck
genau mittig auf die Grundplatte, wobei die
Ecken der Wände wie Zähne ineinander-
greifen. Bestreichen Sie nacheinander die
Hölzer an den Ecken mit Holzleim, und
fügen Sie das Haus zusammen. Am besten
beschweren Sie die Wände mit der zweiten
großen Platte und einem schweren Gegenstand, bis der Kleber getrocknet ist.

Unterbau für das Dach

Lasieren Sie die Grundplatte für das Dach
auf beiden Seiten mit brauner Holzbeize.

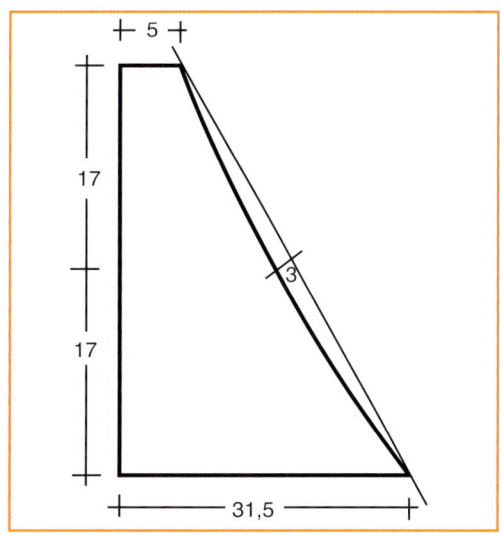

Sägen Sie so die sechs Dachträger zu.

Windmühle

Als nächstes folgt der Dachunterbau, also die Träger für die Kupferplatten: Zeichnen Sie auf dünnen Karton die Form der Dachträger mit den Maßen der Schemazeichnung auf (→ Abbildung Seite 121 unten), und schneiden Sie den Karton entlang der Konturen aus. Übertragen Sie sechs Dachträger auf die 120 x 40 cm große Leimholzplatte für den Dachunterbau. Sie sparen Material, wenn Sie dabei die Konstruktion beim Aufzeichnen im Wechsel spiegelverkehrt und auf den Kopf gestellt auflegen. Sägen Sie die Dachträger mit der Stichsäge aus, und schleifen Sie die Kanten.

Zeichnen Sie für die obere Abdeckung auf einen Rest des 2 cm starken Leimholzes einen Kreis mit 12 cm Durchmesser, und konstruieren Sie wie zu Beginn beschrieben ein Sechseck. Sägen Sie das Sechseck aus, und schleifen Sie die Kanten glatt. Bohren Sie in die Mitte ein Loch für die Kunststoffhülse, und setzen Sie diese ein. Befestigen Sie die Hülse mit zwei Holzschrauben.

Bestreichen Sie die Unterkanten der Dachträger (die 31,5 cm lange Seiten) mit Holzleim, und stellen Sie sie hochkant auf die Konstruktionslinien des Sechseckes mit 65 cm Durchmesser: Sie müssen dabei bis an die Außenecken reichen, in der Mitte bleibt etwas Luft. Die 34 cm langen Kanten zeigen nach innen, die geschwungenen Kanten nach außen, die 2 cm langen Kanten nach oben.

Nun kleben Sie das Sechseck mit der Kunststoffhülse auf die Dachträger. Ist der Leim getrocknet, fixieren Sie alle Dachträger von der Abdeckung her und von der Unterseite des Bodens her mit Holzschrauben. Bohren Sie, bevor Sie die Schrauben ins Holz drehen, immer mit einem dünneren Bohrer vor, sonst reißt das Holz.

Dachabdeckung aus Kupfer

Um den passgenauen Zuschnitt für die kupfernen Dachflächen zu erhalten, legen Sie dünnen Karton über die Seitenflächen von zwei Dachträgern. Fixieren Sie den Karton mit mehreren Reißzwecken entlang der Mittellinien der Seitenflächen sowie an der Unter- und der Oberkante. Nehmen Sie die Nadeln wieder ab, und verbinden Sie mit Bleistift und Lineal die Einstichstellen. Schneiden Sie die Vorlage aus, und legen Sie sie auf die Träger. So können Sie überprüfen, ob der Schnitt passt. Nehmen Sie eventuelle Korrekturen vor, und übertragen Sie dann den Schnitt sechsmal auf das dünne Sperrholz.

Sägen Sie die Dachflächen aus, und schleifen Sie die Kanten. Legen Sie die Dachflächen auf die Träger, und nageln Sie die Bretter mit Holzstiften fest, sodass sie der leichten Biegung der Dachträger angepasst sind.

Übertragen Sie den gleichen Schnitt sechsmal auf das Kupferblech, und schneiden Sie es mit der Blechschere aus. Legen Sie die Kupferbleche auf das Sperrholzdach, und fixieren Sie sie ebenfalls mit Holznägeln auf den Dachträgern.

Bestreichen Sie die Oberkanten des Hauses mit Holzleim, und setzen Sie das Dach darauf. Dabei richten Sie die Seiten parallel zur Bodenplatte aus.

Für die kleinen Holzstützen, auf denen der Dachüberstand aufliegt (→ Foto Seite 125), sägen Sie von dem 1 x 1 cm großen Vierkantholz zwölf Stücke mit 7 cm Länge (bezogen auf die längere Seite) und einer beidseitigen Gehrung von 45 Grad.

Streichen Sie diese Hölzer weiß, und kleben Sie jeweils zwei davon mit 3 cm Abstand zu den Ecken als Träger zwischen Dach und Hauswand.

Drehbare Haube

Zeichnen Sie den Zuschnitt für die Hauben-seiten (→ Abbildung unten) auf dünnen Karton, und übertragen Sie ihn sechsmal auf die Leimholzplatte. Die seitlichen Kanten müssen im 60-Grad-Winkel angefast werden: Verstellen Sie daher das Sägeblatt der Kreissäge in diesem Winkel. Die Unter- und Oberkanten der Haubenseiten werden rechtwinklich gesägt. Schleifen Sie anschließend alle Sägekanten.

Bohren Sie in eines der Seitenteile mittig ein Loch mit dem Durchmesser für die Kunststoffhülse, es liegt 11 cm über der Unterkante. Kleben Sie hinter dieses Loch zur Verstärkung ein 4 x 4 cm großes und 2 cm starkes Holzstück. Bohren Sie auch in dieses Holz das Loch für die Hülse. Setzen Sie die Hülse ein, und fixieren Sie sie mit zwei Schrauben.

Kleben Sie die Haubenwände mit Holzleim zusammen. Fixieren Sie nach dem Trocknen die Seiten mit Holzschrauben, für die Sie die Löcher vorher mit einem dünneren Bohrer vorbohren.

Für die Auflage der Haube auf dem Dach schleifen Sie die Kanten der 19 cm langen Leiste schräg an, sodass sich das Brett in

So sieht die Haube von innen aus.

4 cm Höhe glatt zwischen zwei gegenüberliegende Haubenflächen stecken lässt (→ Foto oben). Wichtig ist, dass das Brett absolut waagrecht in der Haube sitzt. Bohren Sie in die Mitte der Auflage ein 8 mm großes Loch für die 8 cm lange Gewindestange, mit der die Haube in das Dach gesteckt wird. Stecken Sie die Gewindestange durch, und schieben Sie auf beiden Seiten Beilagscheiben darauf. Fixieren Sie die Gewindestange mit zwei Muttern, sodass sie auf der unteren Seite 5 cm übersteht. Befestigen Sie den Träger mit jeweils vier Schrauben in der Haube. Bohren Sie die Löcher dafür vor.

Schneiden Sie nun die kupfernen Haubenabdeckungen mit der Blechschere aus, und nageln Sie die Teile entlang der schrägen Haubenkanten auf.

Achse für die Mühlenflügel

Zeichnen Sie auf einen Rest des 2 cm starken Holzes ein Achteck auf: Teilen Sie einen Kreis von 10 cm Durchmesser in Achtel. So erhalten Sie an den Schnittpunkten acht Ecken, die Sie nur noch zum Achteck verbinden müssen. Sägen Sie das Achteck aus, und fasen Sie alle Kanten im 45-Grad-Winkel an. Schleifen Sie alle Flächen und

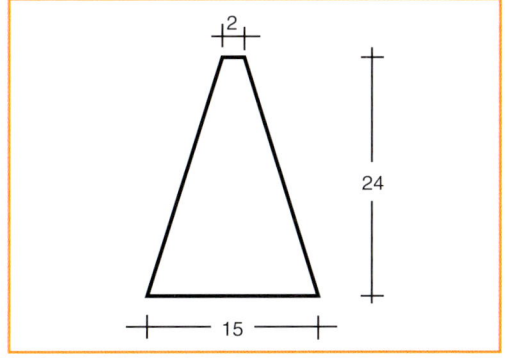

Für die Haube benötigen Sie sechs Wände dieser Größe.

Kanten glatt. Bohren Sie in die Mitte ein 8 mm großes Loch für die Gewindestange. Sägen Sie vom Rundholz einmal 4 cm und einmal 6 cm ab. Das längere Rundholz bohren Sie mittig mit dem Durchmesser der Metallhülsen über die gesamte Länge durch, das kürzere 20 mm tief. Stecken Sie in beide Rundhölzer die Innengewinde. Das Ende des kürzeren schleifen Sie auf dem eingespannten Bandschleifer zur Rundung oder drehen es ab.

Konstruktion der Mühlenflügel

Für die Flügel sägen Sie vier Vierkanthölzer (2 x 2 cm) in 50 cm Länge zu. Versenken Sie das Blatt der Kreissäge so tief, dass es nur noch 1 Zentimeter über der Tischhöhe herausschaut. Führen Sie die Vierkanthölzer mittig über das Sägeblatt, bis die Einschnitte 32 cm lang sind. In die Nuten werden später die Nummernschilder gesteckt. Die eingeschnittenen Enden schrägen Sie zusätzlich ab, sodass sie leicht spitz zulaufen (→ Abbildung unten).

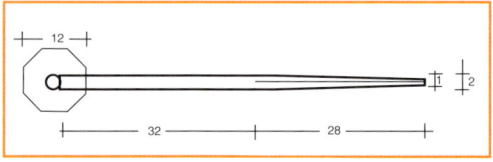

Die Flügelleisten werden an den Enden abgeschrägt.

Legen Sie die breiten Enden so auf das Achteck, dass in der Mitte ein Quadrat von 2 x 2 cm frei bleibt. Die Hölzer müssen genau im rechten Winkel zueinander stehen, die Nuten sind dabei alle nach einer Seite gerichtet. Schrauben Sie jedes Holz mit zwei Holzschrauben auf dem Achteck fest. Streichen Sie das Achteck und die Ansätze der Vierkanthölzer mit braunem Acryllack,

Die Flügel sind mit Schrauben auf der Rückseite der achteckigen Achse befestigt.

außerdem die Rundhölzer. Den übrigen Teil der Vierkanthölzer streichen Sie weiß. Stecken Sie die 17 cm lange Gewindestange durch die Bohrung in der Mitte des Achtecks, und schrauben Sie als Abdeckung auf der Vorderseite das abgerundete Rundholz mit dem Innengewinde auf. Auf der Rückseite drehen Sie das längere Rundholz bis fest an das Achteck auf.
Schieben Sie die Nummernschilder in die Nuten der Flügelleisten.

Alle Teile zusammenbauen

Legen Sie auf die Abdeckung des Daches eine Beilagscheibe über die Kunststoffhülse, und stecken Sie die Haube darauf. In das Loch auf einer Haubenseite wird die Gewindestange der Mühlenflügel gesteckt. Tragen Sie auf der Bodenplatte Silikonkleber auf, und bestreuen Sie sie mit Sand. Als Umrandung drücken Sie Steine in das Silikon. Die Lücken füllen Sie mit Moos. Tagen Sie auf den senkrechten und unteren Kanten der Haube und des Daches Silikonkleber auf, und kleben Sie Steine über die Kanten. Als oberen Abschluss der Haube fügen Sie einen großen Stein ein.

Wo gibt es was?

Acrylfarbe, -lack: Baumarkt, Bastelbedarf
Akkus: Elektronikfachgeschäft, Conrad**
Aluband, -blech, -rohr, -vollrohr: Eisenwaren
Antennenkabel mit Kunststoffummantelung: Modellbau
Aufkleber mit Werbung: Tankstellen, Autohändler
Außenbootmotor: Modellbau
Außenthermometer: Kaufhaus, Baumarkt
Autolackspray: Baumarkt, Autozubehör
Balsaholz: Modellbau
Baumwollzwirn: Kurzwaren
Blech: Eisenwaren
Bootslack: Modellbau, Yachtzubehör
Dispersionsfarbe: Baumarkt
Edelstahlschüssel: Campingbedarf, Baumarkt, Haushaltswaren
Einkaufskorb aus Kunststoff: Baumarkt, Kaufhaus
Eisengewinde, -leisten, -stangen: Eisenwaren
Elektromotor für 12V-Batterien: Modellbau, Conrad**
Federn: Baumarkt
Fernsteuerung: Modellbau
Figuren: Eisenbahnmodellbau
Flansch für Heißwasserrohr: Sanitärbedarf
Fliesen: Baumarkt
Frosch aus Kunststoff: Gartencenter
Fugengips: Baumarkt
Fugenmörtel: Baumarkt
Gewebeklebeband: Baumarkt
Gewindestange: Baumarkt
Glasscheiben: Glaser (kann man dort zuschneiden lassen)
Glocke: Musikgeschäft
Glöckchen auf Federn, mit Kunststoffhalterungen: Anglerbedarf
Graspulver mit dazugehörigem Kleber: Modellbau
Gummiring: Modellbau
Hahn für Wasserdurchfluss: Sanitärbedarf, Baumarkt
Hartfaserplatte: Baumarkt
Heißkleber: Baumarkt, Bastelbedarf
Holzbeize: Baumarkt
Holzgrundierung zum Sprühen: Baumarkt
Holzkugel: Bastelbedarf
Holzspachtelmasse: Baumarkt
Hülsen mit Innengewinde: Eisenwaren
Hupe: Fahrradgeschäft
Islandmoos: Bastelbedarf
Isomatte: Campingzubehör
Kabel: Elektronikfachgeschäft, Conrad**
Kevlarschnur (nicht brennbar): Modellbau
Kieselsteine: Gartencenter, Zierfischabteilung
Klarlack: Baumarkt, Bastelbedarf
Kordel: Kurzwaren
Krone: Faschingsbedarf, Spielwarenabteilung
Kunstharzlack: Farbenhandlung, Baumarkt
Künstliche Blüten und Bäumchen: Modellbau, Gartencenter, Bastelbedarf

Kunstsand: Blumengeschäft, Bastelbedarf
Kunststoff, biegsamer: Modellbau
Kunststoffhülsen: Baumarkt
Kunststoffprimer: Farbenhandlung, Baumarkt
Kunststoffrohr mit Biegung: Sanitärbedarf, Baumarkt
Kupferblech, -rohr: Eisenwaren
Lackspray: Farbenhandlung, Baumarkt
Lampenfassung für wasserfesten Außenbetrieb: Baumarkt, Bastelbedarf
Lampenschirmfolie: Grafikerbedarf, Bastelbedarf
Lautsprecher: Elektronikfachgeschäft, Conrad**
Leinen für die Segel: Stoffgeschäft
Lochblech: Eisenwaren
Lochverstärkungsringe: Bürobedarf
Lötdraht: Elektronikfachgeschäft, Conrad**
Lötzinn und Flussmittel: Elektronikfachgeschäft, Conrad**
Lufttrocknender Ton: Bastelbedarf
Mahagoni- und Abachiholzfurnier: Schreinerei, Modellbau, Baumarkt
Maschendraht: Baumarkt
Maskierfolie: Grafikerbedarf
Messingdraht: Baumarkt, Bastelbedarf
Messingrohr, -scheibe, -stifte, -streifen, -vollrohr: Baumarkt, Eisenwaren
Metall- oder Kunststoffröhrchen: Baumarkt, Eisenwaren
Metallhülsen mit Innengewinde: Baumarkt, Eisenwaren
Metallrohr, -scheibe, -stab, -streifen, -winkel: Baumarkt, Eisenwaren
Mikrofon: Elektronikfachgeschäft, Conrad**
Minikiesel: Blumengeschäft, Bastelbedarf
Modellbaukleber für das Dach: Modellbau
Modellbauplatte Dachziegel: Modellbau
Modellraketen-Schutzwatte: → rechts*
Montagesätze für Räder: Baumarkt, Modellbauladen)
Moosgummi: Bastelbedarf
Motorhalterung für Rakete: → rechts*
Muffe aus Eisen: Sanitärbedarf
Nieten: Baumarkt, Eisenwaren
Nitroverdünnung: Baumarkt
Nummernschilder für Kfz: Laden für Nummernschilder
Nylonseil: Seilerei, Baumarkt
Plexiglas: Bastelbedarf
Pumpe: Gartencenter
Räder: → »Montagesätze für Räder«
Raketentreibsätze mit Sicherheitszündschnüren: → rechts*
Rauchrohr (inkl. Deckel und Abdeckring): Kaminzubehör
Regalträger: Baumarkt, Möbelhändler
Rundgummi (= Hutgummi): Kurzwaren
Sand: Baumarkt, Bastelbedarf
Schafsdarm, getrocknet: Metzger
Schaltdraht: Elektronikfachgeschäft, Conrad**
Schalter: Elektronikfachgeschäft, Conrad**

Scharnier: Baumarkt
Schlauch, biegsamer: Gartencenter
Schlauchklemme: Gartencenter
Schlauchkupplung: Gartencenter, z. B. von Gardena
Schrumpfschlauch: Elektronikfachgeschäft, Conrad**
Schubkarrenräder: Baumarkt
Schwan aus Kunststoff: Gartencenter
Schwingungsdämpfer mit Innengewinde: Eisenwaren
Seile: Baumarkt
Sekundenkleber: Baumarkt, Bastelbedarf
Silikonkleber: Baumarkt
Spinakergewebe: Segelbedarf, Drachenladen
Sprühfarbe, -lack: Baumarkt
Sprühgrundierung für Holz: Baumarkt
Sprühkleber: Büro-, Grafikerbedarf
Steine: Blumengeschäft, Bastelbedarf
Sternzwirn: Kurzwaren
Strukturschnee: Bastelbedarf
Tauchpumpe für 5 bar Druck: Gartencenter
Umlenkrolle mit Halterung aus Metall: Baumarkt
Untersetzer aus Ton: Gartencenter
Verzinktes Eisen: Eisenwaren

Vlies für wasserdichte Formengestaltung: Eisenbahn-
modellbau
Vlies zum Gestalten von Bergen: Eisenbahnmodellbau
Wasserfeste Transparentfolie: Grafikerbedarf
Wasserpumpe für Zimmerbrunnen: Elektronikfach-
geschäft, Conrad**, Gartencenter
Zierkies: Blumengeschäft, Bastelbedarf
Ziermoos: Blumengeschäft, Bastelbedarf
Ziersteinchen: Blumengeschäft, Bastelbedarf
Zimmerbrunnen: Gartencenter
Zugfedern: Baumarkt
Zweikomponentenkleber: Baumarkt, Bastelbedarf

*** Adresse für Raketen-
modellbau:**
Robert Klima
Birkenweg 7
86494 Emersacker
Tel.: 08293/1734
Fax: 08293/7815

**** Adresse für Elektronik-
Versand Conrad:**
Conrad Electronic GmbH
Klaus-Conrad-Str. 1
92241 Hirschau
Tel.: 0180/5312111
Fax: 0180/5312110
www.conrad.de

Über dieses Buch

Die Autorin
Heidi Grund-Thorpe ist ausgebildete Kunsterziehungs- und
Werklehrerin sowie Grafikdesignerin. Seit vielen Jahren
arbeitet sie im Kreativbereich für Frauenzeitschriften. Sie
veröffentlichte bereits zahlreiche Bücher.

Die Fotografin
Inge Ofenstein arbeitet seit vielen Jahren als Fotografin für
Werbung und Verlage. Ihre Fotoarbeiten wurden mit der
Teilnahme auf der Expo 1998 als Mitglied der Künstlergrup-
pe »Manna, Kunst für das Volk« in Lissabon ausgezeichnet.

Haftungsausschluss
Die Inhalte dieses Buches sind sorgfältig recherchiert und
erarbeitet worden. Dennoch kann weder die Autorin noch
der Verlag für die Angaben in diesem Buch eine Haftung
übernehmen.
Weiterhin erklären Autorin und Verlag ausdrücklich, dass
sie trotz sorgfältiger Auswahl keinerlei Einfluss auf die Ge-
staltung und die Inhalte der gelinkten Seiten haben. Des-
halb distanzieren sich Verlag und Autorin hiermit ausdrücklich von allen Inhalten aller Seiten und machen sich diese
Inhalte nicht zu Eigen. Diese Erklärung gilt für alle in diesem Buch aufgeführten Links.

Danksagung
Für intensives Basteln: Robert Endrich (Segelschiff); Oliver
Stoll (Papiermesser); Thorpe (mein Mann, Formel-1-Flitzer);
Johann Wolfgang Kraus (Dampfwalze); Stefan Polatzky
(Wasserspiel); Edy Mürth (Stein- und Holzbauten). Für
geduldiges und nervenaufreibendes Lektorieren: Bettina

Gratzki. Für Geduld mit mir: meine Familie. Für tolle Foto-
aufnahmen: Inge Ofenstein.

Impressum
Es ist nicht gestattet, Abbildungen und Texte dieses
Buches zu digitalisieren, auf PCs oder CDs zu speichern
oder auf PCs/Computern zu verändern oder einzeln oder
zusammen mit anderen Bildvorlagen/Texten zu mani-
pulieren, es sei denn mit schriftlicher Genehmigung des
Verlages.

Weltbild Buchverlag -Originalausgaben-
© 2002 Verlagsgruppe Weltbild GmbH,
Steinerne Furt 67, 86167 Augsburg

Alle Rechte vorbehalten

Projektleitung: Friederike Lutz
Redaktion: Dr. Bettina Gratzki
Bildredaktion: Susanne Allende
Umschlaggestaltung und Layout: X-Design, München
Umschlagfotos: Inge Ofenstein
DTP/Satz: AVAK Publikationsdesign, München
Reproduktion: Typework Layoutsatz & Grafik GmbH,
Augsburg
Druck und Bindung: Offizin Andersen Nexö Leipzig GmbH –
ein Unternehmen der Union Verwaltungsgesellschaft,
Spengleralle 26–30, 04442 Zwenkau

Gedruckt auf chlorfrei gebleichtem Papier

Printed in Germany

ISBN 3-89604-359-5

Stichworte von A bis Z